일의 기본기

일의 기본기

일 잘하는 사람이 지키는 99가지

강재상, 이복연 지음

REFERENCE by B

차례

'첫'만큼
매력적인 말도 없다

첫 생일, 첫 입학, 첫 졸업, 첫 취업, 첫 직장 그리고 첫
사랑까지. 사람들은 '첫'에 많은 의미를 부여해 기념일로
남기기도 하고, 그 일을 평생 기억한다. 살면서 한번도 경험해
보지 않았던, 이제야 드디어 겪게 되는 일 앞에 '첫'이 붙는다.
'첫'이 주는 감정은 오묘하다. 가슴 두근거리며 설레기도 하고,
즐겁고 재미있을 것 같아 흥분되기도 하고, 호기심에 에너지가
넘치기도 한다. 동시에 손에 땀이 날 정도로 긴장되기도 하고,
어떤 느낌일까 두렵기도 하고, 낯설어 숨고 싶어지기도 한다.
하지만 막상 그 순간이 오면 어떻게 시간이 흘렀는지 모를
정도로 빠르게 지나간다. 익숙하지 않은 일이라 실수도 많이
하고 잘하지 못해 가끔은 후회할 사고를 치기도 한다. 하지만
모든 일에는 시작, 즉 첫 경험이 있다.
　　직장 생활도 마찬가지다. 처음 회사에 들어가면

모든 것이 낯설고 처음 해 보는 것뿐이다. 그야말로 계속 좌충우돌하며 크고 작은 사고를 치게 된다. 신입사원뿐만이 아니다. 직장에서 성장을 하다 보면 계속 새로운 일과 역할이 주어진다. 처음 해 보는 일, 처음 겪어 보는 상황의 연속이다. 임원을 달고 사장이 되어도 그렇다.

그래서 이 책을 쓰게 되었다. 직장 생활을 하면서 겪게 될 첫 경험의 설렘만 남기고 두려움은 최대한 줄여 주고 싶었다. 입사 초기 팀장이 불러 일을 시켰는데 어떻게 해야 할지 몰라 우왕좌왕하다 실수하고, 처음으로 외부 미팅을 나갔는데 어떻게 명함을 건네고 악수를 권해야 할지 몰라 쭈뼛쭈뼛 뒤로 빠지고, 처음으로 받은 후임을 어떻게 대해야 할지 몰라 어색해하고… 첫 경험을 잘해낼 수 있다면 그다음은 훨씬 쉽다. 직장 생활에서 겪을 첫 경험을 당황하지 않고 잘 풀어 갈 수 있도록 돕고 싶었다.

시대는 바뀌었지만 신기하게도 직장에서 일을 잘하는 사람의 정의는 그대로다.

대기업부터 중견 기업, 스타트업 하물며 창업해서도 마찬가지다. 어디서 어떻게 일하든 일 잘하는 사람이 어떤 사람인지 물으면 대부분 비슷한 모습을 떠올린다. 누구나 먹고살기 위해 일하지만 자신의 일에 소신과 애정을 가지고 끊임없이 노력하는 사람, 맡은 일도 잘하지만 적극적으로 일을 만들어 해내고 성과를 내는 사람, 주위 사람과 잘 어울리면서도 깔끔하고 센스 있게 일을 처리하는 사람, 바로 이런 사람이 일을 잘하는 사람일 것이다.

지금까지 직장과 사회 생활을 하면서 마주친 일 잘하는

사람은 자신의 일을 소중하게 여기면서 철저히 일의 기본기를 닦는 데 충실했다는 공통점이 있었다. 그들 역시 처음부터 일을 잘한 것은 아니다. 처음에는 당황하기도 하고 가끔 실수하기도 했지만, 첫 경험을 현명하게 활용하는 탁월함이 있었다. 그 탁월함은 영민하게 머리를 굴려서가 아니라 상식과 기본에 충실해서 가능했다. 어떻게 하면 첫 경험을 잘 극복하며 기본기를 쌓아 일을 잘한다는 평판을 얻을 수 있는지 그 방법을 공유하고 싶었다.

지금까지 일 잘하는 사람에 대한 이야기는 많이 나왔다. 하지만 대부분이 원론적이거나 당연한 이야기 혹은 지엽적인 잔기술에 가까운 이야기였다. 읽고 나면 '그래서 어떻게 하라는 건데?' 혹은 '정말 이렇게 해도 될까?'라는 생각이 드는. 일 잘하는 사람이 되기 위한 매우 현실적이고 실용적인 그리고 기본기에 충실한 이야기가 필요하다는 생각에 이 책을 쓰게 되었다. 그래서 읽고 나면 바로 실행해 볼 수 있도록 내용을 구성했다.

입사 후부터 성장 단계에 따라 부딪히게 되는 상황을 차례대로 열거하면서 그에 맞는 적절한 행동 요령을 제시했다. 취준생부터 직장 생활 15년차 정도까지, 신입사원에서 팀장이 되기까지 겪게 될 첫 경험 99가지를 담았다. 좀 더 구체적으로 말하자면, 이 책은 직장에서 '처음' 접하는 다양한 상황에 대한 행동 원칙과 상황별 변화에 대한 대응 가이드이자 처음이지만 숙련자처럼 능숙하게 일을 처리하기 위한 매뉴얼이다. 따라서 업무 외적인 요소로 회사나 주변 동료에게 비판받을 여지를 줄이고 직장 생활의 만족감을 높이며 좋은 평가를 받아

궁극적으로는 '일 잘하는 사람'이 될 수 있는 기본을 닦는 데 많은 도움이 될 것이다.

　이 책이 일 잘하는 사람이 되기 위해 필요한 모든 것은 절대 아니다. 여기서 제시한 99가지가 한번에 와닿지는 않을 것이다. 당연하다. 시간이 흐르고 성장하면서 당신이 그 상황 그 위치에 있을 때 도움을 주고 기본기를 잡아 주는 책이 되기를 원한다. 책을 읽으면서 99가지 가운데 몇 가지라도 무릎을 탁 치며 '아, 이건 정말 내 이야기야'라는 생각이 들었다면 만족한다. 시간이 지나 다시 읽으면 다른 부분에서 또 그런 생각이 들고, 어떤 상황에 처했을 때 이 책이 떠오르면 성공한 것이라 생각한다. 한번 읽고 잊어버리는 책이 아니라 직장 생활을 하면서 옆에 두고 필요할 때마다 찾게 되는 친절한 업무 멘토와 같은 책이 되었으면 한다.

　강재상, 이복연

1-
6

첫 출근,
원래 있던 동료처럼

신입사원이든 인턴이든 혹은 경력직이든 첫 출근은 항상 설레면서도 두렵다. 어떤 사람을 만나게 될까, 사무실 분위기는 어떨까, 내가 하게 될 일은 뭘까… 모든 게 낯설고 어색하기만 하다. 최대한 빨리 회사와 일에 적응하고 주변 동료와 친해지기 위해서는 어떻게 해야 할까? 가장 중요한 것은 딱 하나다. 함께 일할 동료들이 '원래 우리 사무실에 있던 사람 같다'는 생각을 하도록 하는 것. 이 말을 직접 듣게 된다면 그 이상의 찬사는 없을 것이다.

1

첫 출근, 대기시간 보내기

처음 출근해 할 일 없는 대기시간에
모든 사람은 당신만 보고 있다

첫날 출근하면 대부분 할 일이 없어 그냥 멍하니 시간을
보내야 하는 경우가 많다. 그나마 인사팀에서 이런저런
안내를 받고 부서 배치가 되어 내 자리를 직접 세팅해야
하는 경우라면 그래도 할 일이 있으니 그럭저럭 시간을 보낼
수 있다. 하지만 이미 부서 사람들이 내 자리를 세팅해 놓은
경우라면 퇴근 시간까지 기약 없이 대기해야 하는 불상사가
발생한다. 퇴근까지 적어도 5~6시간은 남았는데 딱히 할 일은
없고, 그렇다고 휴대폰을 들여다보자니 개념 없어 보인다.
책이라도 읽을까? 다들 일하느라 바쁜데 그것도 예의가
아닌 것 같다. 화장실 가는 것도 한두 번이지 자꾸 왔다 갔다
하는 것도 민폐 같다. 혼자 이런저런 생각을 하다 보니 왠지
졸리기도 하고… 점심은 대체 언제 먹으러 가는 걸까?

　당신 눈에는 사무실 사람이 모두 자기 업무로 바빠

보이겠지만, 그중에도 당신을 지켜보는 눈은 틀림없이 있다. 당연한 일이다. 조직에 새로운 얼굴이 들어왔으니 관심이 가는 것은 인지상정. 그래서 할 일 없이 대기하는 시간조차 당신의 첫인상을 결정하는 중요한 요소가 된다. 한마디로 당신이 자리에 앉는 순간 조직 생활은 시작된 것이다. 그렇다면 퍽 난감하지 않은가. 멍하니 있는 모습이 나의 첫 이미지라니.

이런 상황에서 좋은 인상을 주려면 먼저 '회사와 일에 대한 관심과 열정'을 보여야 한다. 그렇다고 일하는 사람에게 다짜고짜 도와줄 것 없냐고 귀찮게 굴라는 말은 아니다. 오늘 처음 출근한 당신에게 그런 걸 기대할 리도 없을뿐더러 사실상 당신이 할 수 있는 일도 거의 없기 때문이다.

중요한 것은 '관심과 열정'이다. 사무실에 구비된 회사나 업무 관련 책자, 브로슈어는 이런 관심과 열정을 보이는 데 큰 도움이 되는 수단이다. 사무실 선배에게 이런 자료가 있는지 물어보자. 혹은 다른 업무 참고 자료도 괜찮다. 대부분 흔쾌히 건네줄 것이다.

또한 대기시간만큼 앞으로 일할 부서와 사무실을 차분히 파악할 수 있는 기회도 없다. 직원들이 서로를 어떤 호칭으로 부르는지, 주로 어떤 주제로 대화가 오가는지, 타 부서나 외부 사람들은 어떤 목적으로 우리 부서에 오는지, 전화는 어떻게 받고 보고는 어떻게 하는지를 관찰하는 것이다. 또한 화장실과 탕비실, 휴게실은 어디에 있고 보통 언제 가는지도. 막상 일을 받으면 이런 것을 파악할 시간이 모자란데, 업무를 하면서 사소한 실수를 줄이기 위해서는 반드시 알아야 할 내용이다. 앞으로 당신이 어떻게 일해야 하는지 다른 사람을 통해 미리 경험한다고 생각하자. 점심시간이나 입사 환영식 자리에서 자연스럽게 상대방의 이름과 호칭을 부르면서 회사와 일에 대한 이야기를 할 수 있다면, 사람들은 '이 친구 정말 센스 있고 똑똑하네'라고 생각하면서 당신에게 멋진 첫인상을 갖게 될 것이다.

2

첫 출근, 사원증 사용법

직장 생활의 만능키 사원증
하지만 입사해도 사원증을 받지 못할 수 있다?

취업을 준비할 때 직장인이 목에 걸고 다니는 사원증만 봐도 그렇게 부러울 수가 없었을 것이다. 그런 사원증이 손에 들어왔으니 심각한 취업난을 뚫고 받은 자랑스러운 훈장 같기도 하고, 우리 회사가 이름만 대면 누구나 아는 곳이라면 자부심은 더 커질 것이다. 1~2년 뒤에는 '그냥 출입증'이 될 가능성이 크지만, 어쨌든 처음 받아 드는 사원증은 자신감을 충전해 주는 신비의 아이템이 틀림없다.

사원증은 직장 생활의 만능키다. 회사에 있는 동안, 일하는 동안 사원증으로 못하는 것이 없다. 하다못해 회사 주변의 식당이나 카페 등에서도 각종 혜택을 제공한다. 사원증 사용법을 이야기하기에 앞서 먼저 사원증을 받기 전에 주의할 점을 알아보자.

입사했다고 무조건 사원증이 발급되는 것은 아니다.

회사마다 다르기는 하지만, 문제가 발생할 수 있는 기준으로 이야기해 보자. 먼저 입사 계약 조건을 확인해야 한다. 3개월 근무 후 정규직 전환 조건일 경우 정식 사원증을 발급해 주지 않을 수 있다. 그 기간 동안 계약직으로 다니는 것이기 때문에 정규 직원의 혜택을 모두 받을 수 없을뿐더러 사원증도 발급해 주지 않는다. 물론 계약 기간이 끝나고 정규직으로 전환되면 사원증을 받을 것이다. 또한 사원증을 신용카드와 연계해 발행하는 경우가 있다. 사원증이 신용카드 겸용인 것이다. 만약 정규직으로 입사해서 사원증을 기다리는데, 입사 동기들과 다르게 나만 안 나올 수도 있다. 회사 담당자 실수가 아닌 이상 신용 등급 문제로 신용카드사에서 발급을 거절한 경우다. 보통 학교를 다니다 입사하는 경우 신용 등급에 관심이 별로 없어서 흔하게 하는 실수다. 카드사마다 기준이 다르지만, 최소 4~5등급 이상을 유지해야 신용카드 겸용 사원증이 문제없이 발급된다. 미리미리 신용 등급을 확인하고 관리해야 사원증이 발급되지 않는 낭패를 피할 수 있다. 만약 이미 신용 등급에 문제가 있어 단기간에 올릴 수 없다면, 인사팀에 미리 이야기해 특수 조건, 예를 들어 회사에서 보증해 주는 방법 등으로 발급받을 수 있도록 해야 한다.

사원증이 나오기 전에는 회사 사무실과 업무 관련 공간을 임시로 드나들 수 있는 '임시 출입증'을 받게 될 것이다. 모든 장소가 아니라 자기에게 부여된 권한에 따라 출입 가능한 구역이 제한되는 출입증이다. 이는 정식 사원증도 마찬가지인데, 이를 모르고 출입증 혹은 사원증을 받았다고 신나게 돌아다니다가는 출입 제한 구역이라는 경고음이 울려 민망해지거나, 잘못 들어가 어중간한 구역에 갇혀 꼼짝 못하거나, 수많은 계단을 다시 걸어 올라가 탈출해야 하는 상황이 벌어질 수 있다. 같은 회사라도 다른 사업장에 가면 대부분 일반 사원증으로는 출입할 수 없으니 별도로 방문 신청을 하고 임시 출입증을 받아야 한다는 사실도 염두에 두자.

사원증은 당신이 그 회사 직원임을 증명하고 회사를 자유롭게 출입하도록 보장해 줄 뿐 아니라 다른 많은 기능도 한다. 일단 사내 식당, 카페, 편의점, 헬스장 등 회사에서 제공하는 각종 복지시설을 이용하고 결재도 할 수 있다. 대부분 임직원에게만 제공되는 특가로 말이다. 사내 온라인 복지몰에서도 역시 사원증으로 구입과 결제가 가능하다. 회사 주변에 회사와 계약한 식당이나 카페 등에서도 할인 혜택을 받거나 복지 포인트를 사용할 수 있고, 점심식사비 등을 사원증에 충전된 금액 내에서 자유롭게 결재할 수 있다. 조금 과장하자면, 지갑 대신 사원증만 가지고 다녀도 큰 불편이 없을 정도다. 사원증을 직장 생활의 만능키라고 일컫는 이유다. 회사와 직종에 따라 사원증에 위치 추적이나 알람 기능이 탑재되어 있는 경우도 있으니 미리 알고 있는 게 좋다.

3

첫 출근, 잠시 자리 비우기

자리를 비울 때도 매너가 필요하다

타 부서와의 미팅이나 협업을 위해, 외부 사람을 잠시 회사에서 혹은 회사 근처에서 만나기 위해, 회사 일로 외부에서 작업을 하거나 비품을 사거나 혹은 개인적인 일로 통화를 하거나 잠시 쉬기 위해 등 자리를 비울 일은 정말 많다. 화장실 갈 때도 자리를 비울 수밖에 없다. 그렇다고 화장실 갈 때까지 주변 사람에게 이야기해야 하나?

자리를 비울 때는 만약을 위해 누군가에게 미리 알려 두는 게 좋다. 업무 시간이기 때문에 일과 관련해 타 부서 직원이나 외부 사람이 연락을 하거나 찾아올 수도 있으니까. 그런데 업무 당사자가 자리에 없고 주변 동료도 어디에 갔는지 모른다면 당혹스러울 수밖에 없다. 상대방은 당신이 무단으로 자리를 비워 연락이 안 되는 만큼 자신의 귀한 시간을 손해 보는 것이다. 입장을 바꿔, 당신이 급한 일로 연락했는데 상대방이 전화도 안 받고 자리에도 없고 다른 사람도 행방을 모른다면 난감할 것이다. 자리를 비우는 게 문제가 아니라 필요할 때 자리에 없는 게 문제다.

　자리를 비우더라도 누군가가 필요로 할 때 다른 동료가 알려 줘서 바로 자리로 돌아오거나 언제 자리에 오는지 혹은 연락해 줄 수 있는지 전해 줄 수 있다면 아무런 문제가 없다. 그러니 잠시 자리를 비울 때는 동료에게 사정을 미리 얘기해 둬야 한다. 그것이 예의이자 매너다. 물론 화장실에 가거나 전화 통화를 하러 잠시 자리를 비울 때까지 이야기할 필요는 없다.

　반대로 주변 동료나 상사가 자리를 비울 때 알고 있는 것도 필요하다. 보통은 대부분 이야기하고 자리를 비운다. 그런데 만약 별말 없이 나가는데 한동안 자리를 비울 것처럼 보인다면, 자료나 노트북을 가지고 타 부서나 업체 미팅을 가는 듯하거나 외투를 챙겨 입고 나간다면 살짝 물어보는 것이 좋다. 그래야 누군가 자리에 없는 동료를 찾을 때 안내해 줄 수 있기 때문이다. 팀장이나 선임뿐 아니라 타 부서 직원, 외부 협력업체나 파트너, 하다못해 고객에게 안내해야 할 경우도 있다. 만약 중요한 고객이 전화했는데 담당자가 자리를 비워 당신이 대신 받았다고 생각해 보자. 그런데 "○○○ 대리님 자리에 안 계십니다" 하고 끊어 버린다면 기분이 나쁘지 않겠는가. 고객 입장에서는 '그래서 어쩌라고?' 하는 생각이 들 것이다. "○○○ 대리님이 ○○한 일로 잠시 자리를 비우셨는데 ○○분 내로 돌아오실 거예요. 메모 남겨 놓을까요?"라고 대응하는 것이 좋다. 그리고 전화하거나 찾아온 사람의 회사와 이름, 연락처와 연락한 이유를 메모한 뒤 자리를 비운 동료 책상에 놓아두거나 메신저나 문자로 그 내용을 알려 준다.

당신이 이렇게 하는 것처럼 다른 동료도 당신에게 이렇게 해 줄 것이다. 그러면 자리를 비우더라도 서로 업무를 놓치지 않고 챙길 수 있다. 일이 아니라 잠시 쉬기 위해 자리를 비울 때도 마찬가지다. 마음 편히 쉴 수 있을 것이다.

첫 출근, 업무 중 휴식 시간

일을 잘하기 위해
잠시 휴식 시간을 갖는 것도 필요하다

사람은 기계가 아니니 업무 시간 중에 잠시 휴식을 취하는
것이 필요하다. 물론 일보다 휴식이 중요하다는 의미는
아니다. 일보다 마실 다니는 게 더 중요해 보이는 직장인만큼
얄미운 경우도 없다. 그저 '열심히 일한 당신, 잠시 쉬어라'
정도를 하자는 의미다.

　　사람의 집중력에는 한계가 있어서 일정 시간 이상 일하면
급속도로 집중력이 떨어지기 마련이다. 바로 이럴 때 잠시
쉬어도 된다. 일정한 프로세스에 따라 일하는 공장의 경우
일하는 시간과 휴식 시간이 구분되어 있지만, 사무직의
경우 대부분 그런 구분이 없다. 예진에는 '집중 근무 시간'을
운영해 화장실도 못 가고 자리를 지켜야 하는 당혹스러운
제도도 있었지만, 이제 그런 문화는 거의 사라졌다. 어쨌든
너무 집중해 일했더니 어깨는 결리고 눈은 침침하고 정신은

점점 산으로 가는데, 다른 동료들은 슈퍼맨처럼 흔들림 없이 일하고 있다. 혼자 쉬려니 눈치가 보인다.

　일하다 잠시 쉰다고 해서 누구도 뭐라 하지 않는다. 다만 언제 어떻게 쉬는지가 문제다. 자리에서 스트레칭을 하고 잠시 딴짓을 하는 것을 두고 뭐라고 하는 경우는 드물다. 운이 없게도 열심히 일하다 잠시 쉴 때면 매번 윗사람에게 들켜 찍히는 경우가 있을 수도 있으나, 보통 쉬는 것이 문제가 아니라 자리를 비우는 것이 문제다. 이 문제와 관련해서는 앞서 이야기한 '잠시 자리 비우기' 부분을 참고하자.

　먼저 부서 사람들이 언제 어떻게 쉬는지 관찰하는 것이 좋다. 이미 회사 업무에 익숙한 그들은 언제 자리를 비워도 되는지 인지하고 있다. 하루를 기준으로 반드시 자리에 있어야 하는 시간과 틈틈이 휴식을 취해도 되는 시간에 일정한 패턴이 있다. 아침에 출근해 1~2시간 정도 부서나 외부 일을 집중해서 처리하고, 오전 10시에서 10시 30분 사이에 티타임을 갖는 경우가 많다. 오전 9시 출근과 오후 12시 점심시간, 6시 퇴근을 기준으로 오전 10시에서 11시 사이, 오후 2시 30분에서 3시 사이, 4시에서 5시 사이 이렇게 세 번 정도 자리를 비우고 잠시 쉬는 패턴이다. 일주일 단위로도 관찰해 봐야 한다. 주말 동안 쉬었기 때문에 월요일에 밀린 업무를 처리하고 각종 보고를 올리느라 정신없는 편이다. 월 단위로는 월말에 부서별 결산이 있어 바쁜 경우가 많다. 하지만 이는 일반적인 예일 뿐이고, 회사나 부서마다 상황과 패턴이 다르기 때문에 직접 겪으면서 차분히 체득하는 것이 좋다. 패턴을 익히면 그 시간에 다른 동료와 함께 쉴 수도 있어 그들과 소통하고 친해지는 기회를 얻을 수 있다. 사적인 친밀감은 보통 휴식 시간과 점심시간, 회식 시간 같은 때에 쌓을 수 있다.

회사에는 크든 작든 휴게실이나 탕비실이 있다. '탕비실'이란 말이 어색할 텐데, 다음 어학사전에 따르면 '병원이나 사무실 등에서 물을 끓이거나 그릇을 세척할 수 있도록 마련된 조그만 방'을 의미한다. 휴게실이 없는 회사나 사무실에도 대부분 탕비실은 있다. 보통 정수기와 컵, 개수대가 있어 커피나 차나 과자 등 간단한 티타임을 준비할 수 있다. 이런 것이 휴게실에 별도로 갖춰져 있는 경우도 있다. 고객용으로 준비된 몇몇 물품을 제외하고는 임직원이라면 자유롭게 이용할 수 있다. 눈치 보지 말고 사용해도 된다. 다만 자기가 쓴 물건을 자기가 뒷정리하는 게 예의다. 단, 요즘은 거의 없지만 임원급 이상 회의나 미팅 준비를 위한 탕비실도 일부 있으니 그런 곳은 피해야 한다. 탕비실의 고급 차나 비싼 음료를 무심코 먹었다가 생각 없는 사람으로 찍힐 수도 있으니 조심하자. 휴식 시간을 잘 활용해 업무 효율을 올리고 동료들과 소통하는 시간도 갖기를 바란다.

5

첫 출근, 점심시간 활용법

직장 생활의 꽃 점심시간
어떻게 보내야 할까?

점심시간은 오전과 오후 업무를 가르는 기준이자 잠시 머리를
식힐 수 있는 사막의 오아시스 같은 시간이다. 그런데 아직
직장 생활에 익숙하지 않은 신입에게는 점심시간도 여간
신경 쓰이는 시간이 아닐 수 없다. 차라리 업무 시간에는
일에 집중하면 되는데, 점심시간은 자유 시간이니 어떻게
보내면 될지 누구도 이야기해 주지 않는다. 의외로 직장
생활에 적응하고 동료들과 친해지기 전에 가장 난감한 혹은
괴로운 시간이 점심시간인 경우도 많다. 한창 일하다 정신을
차려 보니 부서 사람들이 각자 점심 약속이 있다며 사라져
본의 아니게 '혼밥'을 했다는 이야기가 많다. 첫 출근을 하고
그나마 며칠은 부서 사람들이 챙겨 줘서 함께 먹었는데,
이후로는 함께 먹을 사람이 없어 혼자 먹는 일이 많았다고
한다. 예전에는 특별한 일이 있거나 약속이 있는 사람을

제외하고는 대부분 함께 점심을 먹는 게 일반적이어서 좀처럼 이런 일이 없었지만, 개인주의 성향이 강해진 요즘은 흔한 경우가 되었다.

점심시간은 당연히 '점심을 먹는' 시간이지만, 그 짧은 시간에 의외로 많은 것을 할 수 있는 시간이기도 하다. 동료나 외부 사람과 밥 먹고 차 마시고 쉬면서 친목을 쌓거나 업무와 관련된 각종 정보를 모을 수도 있고, 식사를 간단히 하고 자기 계발을 위해 공부를 할 수도 있고, 건강을 위해 산책이나 운동을 할 수도 있다. 요즘은 각자 취향과 목적에 맞게 점심시간을 활용한다고 뭐라 하는 회사는 거의 없다. 그러니 우선 점심시간을 어떻게 활용할지 스스로 목표를 세우고 실행하는 것이 필요하다. 점심시간은 1시간이지만, 일주일이면 5시간, 한 달이면 20시간이 넘는다. 무언가를 해내기에 결코 적은 시간이 아니다.

점심시간을 어떻게 활용할지는 전적으로 당신의 선택이지만, 처음 회사에 들어가 몇 달 동안은 회사에 적응하고 동료들과 관계를 쌓기 위해 사용하는 것이 좋다. 회사에서 혼자 해낼 수 있는 일은 거의 없다. 누군가와 함께하거나 혹은 도움이나 지원을 받아야 한다. 따라서 기본적으로 인간관계를 쌓는 것이 중요하다. 또한 회사에 적응하는 것도 혼자 노력한다고 되는 것이 아니다. 주변 동료들에게 크든 작든 도움을 받아야 한다. 먼저 부서 동료를 중심으로 연관 부서 사람, 그 외 다른 부서 사람이나 사외 이해관계자까지 넓혀 가며 점심시간에 함께 식사하면서 관계를 쌓는 것이 좋다. '밥'에는 신기한 힘이 있어서 함께

밥을 먹고 이야기를 나누는 것만으로도 관계 형성의 기틀이 생긴다. 더구나 요즘은 퇴근 후 회식 자리가 많지 않기 때문에 관계를 맺는 데 있어 점심시간의 중요성이 더욱 커졌다. 왜, 언제, 누구와 무슨 이야기를 나누며 점심을 먹을지 고민이 필요하다. 먼저 연락해 점심 약속을 잡는 것을 두려워하지 말자. 당신을 특별히 싫어하는 사람이 아니라면, 굳이 점심을 함께 먹자는 제안을 거절하지는 않을 것이다.

물론 점심시간을 매번 이렇게 보내라는 말은 아니다. 가끔은 혼자 먹기도 하고, 잠시 눈을 붙이기도 하고, 공부나 운동을 해도 된다. 그냥 친한 사람과 편안하게 점심을 먹고 수다를 떨어도 된다. 하지만 회사에 적응하고 동료들과 친해질 때까지, 이후에도 필요에 따라 전략적으로 네트워킹을 쌓기 위해 이런 식으로 점심시간을 활용할 수 있다는 사실을 알고 있으면 큰 도움이 될 것이다. 최소한 '혼밥'하기 싫은 사람이 '혼밥'하지 않기 위한 방법이기도 하다.

6

첫 출근, 퇴근 예절의 중요성

출근보다 퇴근이 더 중요하다
얼마나 깔끔하게 하루를 정리했는가

대부분의 직장인은 출근하고 나서 퇴근 시간만 기다린다. 일이 너무 재미있고 즐거워 퇴근 시간이 아쉽게 느껴진다면 행복하겠지만, 그런 사람은 거의 없다는 점이 슬프지만 현실이다. 주 52시간 근무 제도가 도입되면서 이전과 달리 눈치 보며 퇴근해야 하는 분위기는 많이 사라졌지만, 여전히 퇴근할 때가 되면 신경이 쓰이는 것이 사실이다. 눈치 안 보고 멋지게 퇴근하는 방법이 없을까?

열심히 일한 당신, 당당히 퇴근하는 것은 당연한 권리다. 지금까지 회사와 조직 문화가 그렇지 않았다는 것이 문제다. 윗사람 눈치 보느라 일이 다 끝났음에도 퇴근하겠다는 말을 꺼내기 쉽지 않았다. 지금은 달라졌다. 자신의 업무가 끝나고 퇴근 시간이 되었다면 당연하고 과감하게 사무실을 나서도 된다. 그런데 여기서 생각해 볼 문제가 있다. 퇴근하는 것은 좋은데, 과연 맡은 업무는 제대로 마쳤는가?

일을 마치지 못했다면 퇴근하지 말라는 이야기가 아니다. 대부분의 회사 일은 하루 이틀에 끝나지 않는다. 짧게는 며칠, 길게는 수개월 혹은 수년이 걸린다. 따라서 전체 일을 하루에 끝낸다는 것은 말이 안 된다. 그 일을 작게 쪼개 나누어 맡아 각자가 전체 스케줄에 맞춰 업무를 해 나간다. 그 업무를 계획상 오늘 하기로 한 만큼 했다면 오늘 일을 마쳤다고 할 수 있다. 대신 계속 염두에 두어야 할 것은 자신의 계획이 전체 스케줄과 단단히 엮여 있어야 한다는 점이다. 내가 생각한 일을 끝냈어도 전체 스케줄이나 회사에서 요구하는 퀄리티에 맞지 않다면 일을 안 한 것과 다름없다. 본인 입장에서는 억울할지도 모르지만 회사는 결과만 본다. 언제까지 무엇을 어떤 수준으로 해내야 하는지 계속 확인하고 또 확인하라. 그래야 자신의 업무를 일정에 맞춰 제대로 해낼 수 있고, 익숙해지면 자신의 계획에 따라 일을 추진할 수 있다. 또한 일을 적절히 분배해 자신의 워크 앤드 라이프 밸런스(Work & Life Balance)를 유지할 수 있다. 자기 일을 제대로 끝마치고 퇴근하는 사람을 누구도 비난하지 않는다.

퇴근 시 매너도 중요하다. 보통 퇴근하기 2~3시간 전에 상급자에게 오늘 업무에 대한 중간 점검을 받는 게 좋다. 그러면 업무를 지시한 사람의 기대나 방향과 다르게 일이 진행되었어도 남은 시간 동안 수정할 수 있다. 그렇게 퇴근 전에 다시 조정된 업무를 마무리한다. 그리고 오늘 한 일을 정리하고 다음 날 할 일을 생각해 함께 일하는 동료들과 간단히 이야기를 나누는 것이 좋다. 그래야 서로의 일을 조율하고 조정할 수 있으며, 일의 진척 상황을 예측할 수 있다. 그러고 나서 별 문제 없으면 인사하고 퇴근하면 된다. 종종 아무도 모르게 사라지듯 퇴근하는 사람이 있는데, 아랫사람 윗사람 할 것 없이 싫어한다. 그 한 사람 때문에 일이 진척되지 않을 수도 있고, 다른 사람이 그 일을 대신하기 위해 야근을 해야 할 수도 있다. 또한 함께 일하는 동료로서 무시당한 기분을 느낄 수도 있다. 서로 기분 나쁘지 않도록 예의는 반드시 지키자.

**7 -
13**

첫인상,
일 잘하는 직장인처럼

사람들을 만나면서 가장 중요한 것 가운데 하나가 바로 첫인상이다. 상대방이 어떤 사람인지 정확히 알기 위해서는 오랫동안 겪어 봐야 하지만, 사실 그 사람에 대한 판단이 첫인상으로 50퍼센트 이상 결정된다 해도 과언이 아니다. 첫인상으로 갖게 된 생각이 이후에 만날 때도 기준이 되고 영향을 미친다. 직장이니만큼 좋은 사람보다는 함께 일하고 싶은 일 잘하고 매너 있는 사람이라는 인상을 주는 게 필요하다. 그 첫 단추를 제대로 끼워 보자.

7

첫인상, 미소와 인사가 절반

당신을 판단하는 첫 번째가
당신을 처음 만났을 때의 모습이다

깔끔한 옷차림, 정갈한 외모는 직장인의 기본이다. 광고처럼
크리에이티브가 중요한 직종 같은 경우 예외일 수 있지만,
일반적으로 비즈니스계에서는 개성보다 깔끔함이 우선이다.
이런 외적 요소와 함께 첫인상을 결정하는 중요한 요소가
다른 사람을 대하는 태도인데, 그 기본이 바로 미소와 인사다.

　　인사만 잘해도 사회생활을 잘한다는 소리를 들을 수 있다.
매우 기초적이고 당연한 이야기이지만, 굳이 언급하는 이유는
실제로 인사를 잘하는 사람이 많지 않기 때문이다. 숨소리밖에
안 들리는 출근길 엘리베이터 안, 각자 업무에 몰두하고 있는
고요한 사무실에서 소리 내 인사하기가 왠지 불편할 것이다.
게다가 아무도 안 받아 주면 머쓱하기도 하고 말이다.

　　하지만 조직 생활에서 기본은 인간관계이기 때문에
인사는 반드시 필요하다. 인사의 의미는 단순히 서로의

안부를 확인하거나 "저 출근했어요", "저 여기 있어요"를 인증하는 행위를 넘어선다. 인간관계를 쌓기 위한 첫 단계가 바로 인사다. 일단 인사를 해야 서로 커뮤니케이션을 할 수 있고, 일을 할 수 있고, 마음을 나눌 수 있다. 특히 적대적 분위기가 강하거나 서로 어색한 분위기라면 먼저 인사를 하며 적극적으로 다가가는 신호를 줘야 조직에 안착할 수 있는 기회가 열린다.

긍정적인 첫인상을 만드는 두 번째 단계는 미소다. 인사로 사람들에게 다가갈 기회를 얻었다면, 미소는 다가가서 관계를 만들어 갈 수 있는 확률을 높여 주고, 반대로 상대방이 내게 부담 없이 다가올 수 있는 여지를 만들어 준다. 배우 마동석을 생각해 보자. 커다란 몸집과 강한 인상에도 불구하고 그가 '마블리'로 불리는 이유는 사건을 해결하고 씨익 웃는 그 미소 때문일 것이다. 미소는 이렇듯 나의 외모와 상관없이 상대방에게 친근함과 매력을 전달한다. 힘든 상황에서도 미소를 잃지 않는다면 '열린 사람', '소통하기 쉬운 사람'이라는 인상을 줄 수 있다. 한마디로 미소는 커뮤니케이션의 창(Window)이다. 조직 적응 측면에서 보면, 이것은 단순한 소통 이상의 의미를 지닌다. 새로운 조직에 들어간 사람은 조직에 관한 정보가 필요하다. 소통하기 좋은 사람이라는 인상은 주변 사람의 도움을 끌어내고 조직 내부의 이야기나 업무 관련 정보를 얻고 네트워크를 형성하는 촉진제가 된다.

인사와 미소는 3개월 안에 당신이 새로운 조직에 성공적으로 적응하고 안착하도록 해 줄 것이다. 이 기본을 실천한 사람은 어느덧 조직 사람들과 술 한잔 기울이며 업무와 회사 생활에 필요한 정보나 네트워크를 접하고 있을 테지만, 그렇지 않은 사람은 지인과 술자리에서 조직 적응 문제를 상담하고 있을지 모른다.

8

첫인상, 어색한 만남과 세련된 대처

하루 종일 마주치는 사람들
만날 때마다 인사하고 미소 지어야 하는가

사람들과 마주칠 때마다 인사하고 미소를 보내는 것까지는
좋다. 하지만 같은 사람과 하루에도 몇 번씩 마주치는
경우도 많고, 조용한 복도나 화장실처럼 인사하거나
미소를 보내기 어색한 경우도 있다. 이럴 때는 어떻게
해야 할까? 인사와 미소는 상대방에게 관심을 보이는
신호다. 상대방과 관계를 쌓고 싶다는 신호. 관심을 보이는
것은 새로운 조직과 환경에서 먼저 다가가는 적극적인
행위다. 신입이든 경력직이든 대부분 사람은 새로운 곳에선
어색하고 무거운 분위기에 눌려 더 조심스럽고 수동적으로
행동하게 된다. 물론 정반대로 오지랖 넓다는 소리를 들을
정도로 오버하는 사람도 있지만. 이건 개인 성향 때문일
수도 혹은 빨리 자리 잡고 싶다는 조바심 때문일 수도 있다.
하지만 수동적으로 숨어 있기보다는 차라리 오버하는 게

낫다. 관심을 보이며 적극적으로 다가가면 '기회'를 잡을 수 있기 때문이다.

긴장해서 주눅 들어 있으면 당연히 잘 안 보이고 안 들린다. 긴장을 풀고 주변으로 시선을 돌리면 나를 필요로 하는 혹은 내가 도울 수 있는, 아니면 내 일에 도움이 될 만한 수많은 것을 알 수 있다. 이를 통해 회사와 동료 사이에서 필요한 사람이 되는 동시에 존재감을 드러낼 수 있다. 그리고 새로운 조직에 적응하기 위해 필요한 정보와 네트워크를 파악할 수 있는 기회도 생긴다. 가만히 있는 사람을 주위에서 먼저 챙겨 줄 거라 생각하면 오산이다. 주위에 관심을 두고 이를 기회로 활용하는 적극성이 중요하다. 인사와 미소는 상대방에 대한 관심을 표현하는 수단으로 이런 기회를 잡을 수 있는 강력한 기반이 된다.

그러면 어떻게 해야 어색한 만남에 세련되게 대처할 수 있을까? 처음 마주쳤을 때 적극적인 인사와 미소를 보내고 이후 계속 마주칠 때는 눈인사나 미소 정도만 보낸다. 더 중요한 것은 상대방의 시선을 확인하는 것이다. 상대방은 의도적으로 혹은 본능적으로 눈빛과 시선을 통해 자기가 원하는 것을 이야기한다. 시선을 마주해서 무엇을 원하는지 판단하자. 예를 들어 화장실이나 엄숙한 회의실 등 어떻게 해야 할지 난감한 상황에서 매우 유용하다. 판단하기 어렵거나 적극적으로 소통하기 힘든 상황에서는 상대방의 시선을 확인한다. 시선을 마주하고 큰 소리를 내도 되는 분위기라면 적극적으로 인사하고 조용한 분위기라면 눈인사나 가벼운 목례와 미소로 충분하다. 만약 시선을 피한다면 상황상

인사하기 어렵다는 신호이므로 그냥 조용히 넘긴다. 상대방의 시선과 눈빛은 정말 많은 것을 이야기해 준다.

9

첫인상, 사방에 있는 눈과 귀

가장 흔하게 하는 것이 말실수다
언제 어디서나 조심해야 한다

첫인상이 아무리 좋았다 해도 한순간에 물거품이 될 수 있다. 여러 가지 일이 있겠지만, 그중에 가장 흔한 경우가 말실수를 하는 것이다. 예를 들어 엘리베이터에서 만난 동료와 아무 생각 없이 가볍게 함께 일하는 부서나 사람에 대해 이런저런 이야기를 했는데, 아뿔싸, 내릴 때 보니 그 당사자가 제일 안쪽에 있다 못 들은 척 내린다. 갑자기 내가 했던 말이 주마등처럼 스친다. 정말 못 들었을까? 이런 일도 있다. 퇴근 후 오랜만에 친구들과 칸막이가 되어 있는 술집에서 회사를 욕하며 실컷 스트레스를 풀고 있는데, 화장실에 가다 보니 옆 칸막이에 회사 사람들이 있다. 식은땀이 주루룩 흐른다. 과연 이런 일이 있을까 싶겠지만 의외로 많다. 어디도 안전한 장소는 없다. 극단적으로 말해 직장과 사회 생활은 '말'로 흥하기도 하지만 '말'로 망하기도 한다.

일단 사방에 눈과 귀가 있다고 생각하고 말조심하는 게 우선이다. 특히 사내에서는 피할 곳이 없다고 생각하는 것이 좋다. 누군가를 욕하거나 상처를 줄 만한 말이라면 아예 하지 말자. 그렇다고 무조건 좋은 말만 하라는 의미는 아니다. 불편한 이야기를 해야 하는 경우도 분명히 있다. 그럴 때는 사람이 아니라 그 사람의 업무나 결과에 대해 객관적 사실에 근거해 이야기하면 된다. 그래도 상대방의 감정이 상할 수 있지만, 최소한 인신공격으로 받아들이지는 않을 것이다.

하지만 성인군자가 아닌 이상 회사나 다른 직원의 뒷담화를 안 하고 살 수는 없다. 단, 퇴근 후 회사 사람들이 절대 오지 않으리라 생각되는 장소에서 정말 믿을 수 있는 최측근하고만 나누는 것이 안전하다. 실용적인 팁을 하나 주자면, 술집이나 식당에 들어가면 일단 전체 테이블을 훑어보고 회사 사람이 없는지 확인한다. 룸으로 된 곳이면 식당 입구의 예약 상황판을 살펴보는 것도 도움이 된다. 또한 내가 불만을 가진 당사자와 이야기해야 하는 상황이라면 0.5초 정도 생각하고 말한다. 무의식은 참 무서워서 자기도 모르게 상대방에게 말실수를 할 수도 있다. 특히 이메일이나 메신저를 이용할 때 조심해야 한다. 이런 실수를 담은 우스갯소리를 들으면 과연 누가 저럴까 싶겠지만, 그게 당신일 수 있다. 회사 생활을 하다 보면 많은 사람이 이런 실수를 한다.

10

첫인상, 약속은 신뢰의 기본

약속을 잘 지키는 것은
신뢰를 형성하는 가장 효과적인 방법이다

약속을 지키는 것은 적당히 타협할 수 없는 매우 중요한
사항이다. 특히 첫 만남에서는 첫인상을 좌우하며,
비즈니스에서는 상호 신뢰를 증명한다. 그렇다면 구체적으로
어떻게 해야 약속을 잘 지키는 것일까?

　다양한 종류의 회사를 다니다 보니 각 조직 문화의 차이를
확연하게 경험했는데, 그중 약속과 관련한 시간관념에 대해
예를 들어 보려 한다.

　A, B, C 세 회사가 있었는데, 각 회사는 시간 엄수에 대한
관념이 달랐다. A사는 시간 엄수를 목숨처럼 여겼다. B사는
시간 엄수를 강조하긴 했지만 5분 정도 늦는 것은 이해해
주는 분위기였다. C사는 시간 엄수에 대한 관념이 약했다.

　세 회사의 차이는 일상적 회의에서 잘 드러났다. 아침
9시 회의라고 하면, A사는 회의 시작 10분 전에 회의 준비가

완벽하게 끝났고 참석자들은 5분 전에 자리에 착석했다.
정시에 회의가 바로 시작되었음은 물론이다. B사는 정시가
다 되어서야 준비가 끝났고 참석자들은 아슬아슬하게 도착해
다소 어수선한 분위기에서 회의가 시작되었다. C사의 경우
정시가 되어서야 회의 준비를 시작했다. 참석자도 대부분
정시를 넘겨 하나둘 회의실에 나타났고, 회의 중에 문을
살짝 열고 들어오는 경우도 다반사였다. 심지어 회의 시간이
사전에 공지되었음에도 회의가 있다는 사실조차 모르거나
다른 일정이 겹쳐 불참하는 경우도 있었다.

약속을 철저하게 지키는 문화인 A사는 그때도 지금도
B사와 C사에 비해 매우 잘나가는 회사다. 우리나라는
사회생활을 시작하기 전에는 시간과 약속 엄수에 상당히
관대한 편이다. 그래서 사회생활을 시작하면 가장 먼저
부딪히고 힘들어하는 것이 시간과 약속에 대한 비즈니스
매너다. 5~10분 늦거나 약속을 잊는 것에 특별히 제지를 받아
본 적이 없어, 그런 지적을 받으면 별것도 아닌데 왜 그러는지
이해하지 못하는 경우가 많다. 하지만 약속 엄수는 비즈니스
매너의 기본이자 사회생활뿐 아닌 사적인 인간관계에서도
신뢰의 기본이다.

언제까지 어떤 퀄리티로 얼마만큼의 일을 하기로
약속했다면 부조건 지켜야 한다. 물론 중간에 다른 사정이
생길 수도 있다. 그러면 곧바로 사정과 이유를 설명하고 다시
약속을 잡아 거기에 맞춰야 한다. 꼭 일이 아니라 사소한
약속일지라도 내뱉은 말은 행동으로 반드시 실천해야 약속을
잘 지키는 사람으로 인식된다. 당신이 약속한 것에 맞춰

상대방도 준비하기 때문에 지키지 않으면 큰 실례라는 사실을 잊지 말자. 역으로 약속을 잘 지키는 사람에게는 상대방도 잘 지키려 노력한다. 결국 서로 믿고 일하는 관계가 형성된다.

11

첫인상, 나만의 캐릭터 구축

주변 사람들이 나를 어떤 사람인지
명확하게 그릴 수 있도록 하는 것이 중요하다

자신의 의도와 상관없이 형성된 캐릭터 때문에 오해받은 적이
누구나 있을 것이다. 본래 마음은 따뜻한데 차가워 보이는
겉모습 때문에 오해받거나, 무뚝뚝한 성격 때문에 사교적이지
않은 사람으로 여겨져 손해를 보는 사람도 있다. 물론
오랫동안 함께 지내다 보면 대부분 오해는 풀리기 마련이지만,
많은 시간과 노력이 필요하다. 하지만 반대로 유리한 경우도
있다. 사람들이 좋아할 만한 면이 캐릭터로 굳어진 경우
매력적으로 보일 수도 있고 긍정적인 첫인상을 줄 수도 있다.
예를 들면 사교적이고 밝은 캐릭터나 안정적으로 보이는
캐릭터, 신뢰가 가는 캐릭터, 열정적으로 보이는 캐릭터 등은
거의 모든 사람이 호감을 느낀다.
　캐릭터는 첫인상에도 중요한 영향을 미친다. 직장이나
사회 생활을 하다 보면 워낙 많은 사람을 만나기 때문에

짧은 시간에 상대방을 파악해야 한다. 그럴 때는 어쩔 수 없이 그 사람의 캐릭터에 현혹될 수밖에 없다. 서로 이야기를 나누며 나오는 표정이나 행동, 분위기가 첫인상에 영향을 주고 캐릭터를 형성해 결국 상대방을 간단히 설명할 수 있는 이미지로 남게 된다. 사람들은 '어떠어떠했던 사람'으로 기억하고 그에 대해 이야기한다. 강력한 캐릭터는 그 사람을 머릿속에 각인시키는 효과적인 수단이기도 하다. 캐릭터가 약하거나 무색무취처럼 느껴지는 사람은 기억에 남지 않는다.

단지 존재감만을 위해서라면 부정적 이미지로도 인지도를 높일 수 있지만, 연예인이나 정치인이 아닌 이상 굳이 그렇게 할 이유가 전혀 없다. 오히려 부정적 이미지로 평판이 나빠지면 사회생활 자체가 힘들어질 수도 있기 때문이다. 따라서 긍정적이거나 가치중립적인 이미지를 줄 수 있는 캐릭터를 구축하는 게 필요하다. 누군가가 당신에 대해 물었을 때 "정말 성실한 친구야", "진짜 열정적이야", "무슨 일이든 믿고 맡길 수 있어", "유쾌하고 사교적인 친구야" 같은 말이 나오도록 행동해야 한다. 그것이 반복되면 당신의 스토리가 생긴다. 이후 그 스토리가 점차 퍼지면서 당신을 설명하는 캐릭터가 된다. 예를 들어 항상 5분 전에 출근하고 회의나 미팅 때도 5분 전에 모든 준비를 마치는 등 철저히 시간을 지키고 또한 항상 목표보다 높은 성과를 이루고자 노력한다면, 결과적으로 '항상 정확하고 일 잘하는 믿을 수 있는 사람'이라는 캐릭터를 갖게 될 것이다.

· 긍정적이고 개성적인 나만의 캐릭터를 잘 생각해 보고 실제 당신에게 어울리고 실현 가능한 캐릭터 키워드를

결정한다. 그리고 그 캐릭터를 구축하기 위해 실제 행동으로 보여 주면 된다.

12

첫인상, 일터는 성과 지향

아무리 좋은 인상을 남겨도
일을 못하면 아무 소용 없다

당신은 능력으로 존재감을 드러내고 성장하기를 원할
것이다. 회사에서 무엇보다 우선시되는 것은 일을 통해
성과를 내는 것이다. 사실 성과를 내는 사람은 자연스럽게
존재감이 드러날 수밖에 없다. 극단적으로 말해 성과를 내는
사람이라면, 성격이 아무리 나빠도 큰 사고를 치지 않는 한
회사에서 키워 준다. 회사는 이윤을 내야 하는 조직이기
때문이다.

　신입이든 경력직이든 새 조직에 들어오자마자 곧바로
큰일을 맡기거나 성과를 내라고 종용하지 않는다. 물론
일반적으로 2~3개월이 지나면 조직에 적응해 성과를 내길
기대한다. 따라서 그 전에 자신이 해야 하고 성과를 내야 하는
일을 완벽하게 파악해야 한다. 주어진 일부터 일정에 맞춰
완벽히 해내는 것을 시작으로, 기회를 찾아 주변 동료들이

필요로 할 때 도와주고 자신의 일을 어필하다 보면 조직에서 인정받고 성장할 수 있다.

성과와 관련해 첨언을 하면, 생산, 개발, 디자인처럼 결과물이 명확하게 눈에 보이는 직종이 아닌 경우(예를 들면 기획, 마케팅, 인사 등) 성과는 고객이 결정한다. 사무직의 고객은 결국 상사나 동료 같은 사내 고객과 거래처 같은 이해관계자다. 일 잘하는 사람은 하다못해 간단한 행사를 준비할 때도 차이가 난다. 만약 작은 행사를 지원하러 나가 고객이 앉을 의자를 놓는다고 해 보자. 일 잘하는 사람은 고객이 편안하게 행사를 잘 볼 수 있도록 고민해 의자를 놓는다. 이걸 성과라고 할 수는 없겠지만, 이것으로 그 사람이 행사에 어느 정도 기여했는지는 평가할 수 있다. 주변 사람에게 잘 보이려고 노력하라는 뜻이 아니라 사람들이 인정해야 성과라는 뜻이다. 자신에게 주어진 업무, 그리고 이와 연계해 본부나 팀과 협의해 받은 개인 성과 지표는 당연히 달성해야 하는 것이다. 참고로 단순히 목표만 달성한 경우 중간 정도밖에 평가받지 못한다. 즉, 당연히 해야 할 일을 했다는 의미다. 그 이상의 성과를 내거나 같은 성과라도 보다 짧은 시간에 해내야 우수한 평가를 받을 수 있다. 일반적으로 목표 대비 130퍼센트를 달성했을 경우 고성과로 평가받는다. 그리고 자신의 성과 지표와 직접적인 관련이 없는 일도 잘해내야 고성과를 인정받을 수 있다.

성과를 내기 위해서는 직무 전문성을 갖춘 존재감 있는 '일잘러'가 되어야 한다. 비즈니스와 회사 업무는 항상 상황이 바뀔 수 있기 때문에 그때그때 어떻게 대응하느냐가 '일 잘하는 사람'이 되는 관건이다. 또한 같은 일을 해도 다른 결과를 만들어 낼 수 있어야 한다. 그러기 위해서는 경험도 쌓아야 하지만 동시에 문제 해결과 커뮤니케이션 능력, 설득 노하우 등도 필요하다. 이 부분은 다른 장에서 풀어 가겠다.

13

첫인상, 갑자기 볼일이 생기면?

근무시간은 일정한데 갑자기
중요하고 급한 볼일이 생기면 당혹스럽다

회사에 다니더라도 여러 가지 개인적인 일은 일어나기
마련이다. 집을 알아보거나, 관공서에 가야 하거나,
주기적으로 병원에 가야 하는 등 예정된 일이 있는 경우는
일정에 맞춰 반차나 월차를 쓰면 된다. 문제는 예상하지 못한
일이 생겼을 경우다.

　　아침에 출근해야 하는데 갑자기 몸이 아플 수 있다.
그렇더라도 정신력으로 출근해야 한다고 말하는 사람도
있지만, 요즘에는 아프면 쉬는 게 맞다. 중요한 건 자리를
비울 때와 마찬가지로 다른 동료에게 미리 연락을 취하는
것이다. 전날 밤이나 아침 출근 전에 팀장과 직속상관에게
문자나 메신저로 먼저 알린다. 당장 당신의 업무와 전체
업무 스케줄에 맞춰 일을 재분배해야 하기 때문에 보통 업무
시간에 확인하는 이메일보다는 바로 연락이 닿는 전달 방법을

쓰는 것이 좋다. 가장 좋은 것은 직접 전화 통화를 하는 것이지만, 그분들 역시 업무 시간이 아니기 때문에 개인적인 시간을 보내거나 출근 중일 수 있으니 문자나 메신저가 적절하다. 그중에서도 문자가 더 나은데, 보통 메신저는 나중에 몰아서 확인하는 경우가 있기 때문이다. 직장인은 일반적으로 대면 보고, 전화, 문자, 메신저, 이메일 순서로 업무나 일의 긴급도를 판단하는 경향이 있다. 만약 회신이 왔으면 회사 생각을 접고 몸을 추스르면 되지만, 회신이 안 왔다면 출근 시간 즈음에 다시 전화를 하는 것이 좋다. 만약 출근 시간이 한참 지나서야 연락할 정도로 정신을 차렸다면, 늦었지만 그때라도 전화를 하는 것이 예의다. 제시간에 출근하지 않아 일이 틀어지는 것보다는 무슨 일이 생긴 건지 걱정하기 때문이다.

갑자기 집안에 누가 돌아가셨거나 아파서 직접 챙겨야 하는 경우도 마찬가지다. 최대한 빨리 팀장과 직속상관에게 알려야 한다. 특히 가족이나 가까운 친척이 돌아가셨을 경우라면 회사 내 해당 업무 담당자에게 직접 혹은 대신 연락해 줄 사람을 찾아 상황을 공유해야 한다. 돌아가신 분의 성함과 관계, 장례식장 등 정보를 알려 줘야 회사에서 지원받을 수 있고 동료들이 어떻게 당신을 도울지 혹은 찾아와 위로할지 계획을 세울 수 있다.

아프거나 집안일로 정신이 없더라도 반드시 챙겨야 할 부분이 있다. 특별한 경우가 아니라면 볼일을 끝내고 회사에 복귀해 밀린 일을 처리하면 된다. 하지만 중요하거나 긴급한 일이 한창 진행되는 도중이라면 당신의 업무를 누가 어디까지 대신해야 할지 미리 전달해 둬야 한다.

　개인적인 볼일을 마친 이후에 후속 조치도 중요하다. 먼저 자리를 비운 동안 진행된 일의 현황을 파악하고 전체 스케줄에 맞춰 업무 계획을 다시 수립한 뒤 관련된 사람들과 상의해 일을 진행한다. 그렇게 해서 잠시 진행이 늦어지거나 주변 동료의 힘을 빌렸더라도 결국에는 문제가 발생하지 않도록 만들어야 한다. 그리고 그에 대해 미안한 마음을 전하고 도와준 동료에게 반드시 감사를 표한다. 반대로 동료가 같은 상황이 되었을 때는 나서서 도와준다. 그래야 서로 급한 일이 생겼을 때 부담 없이 이야기할 수 있다.

　반차나 월차를 썼다면 회사 양식에 맞춰 반드시 보고해야 하고, 상을 당했을 경우도 마찬가지다. 관련 서류나 자료를 제출해야 할 수도 있으니 미리 챙겨 두자.

14 -
18

첫 커뮤니케이션,
능숙하면서 신중한
외교관처럼

직장 생활에서 핵심 역량 중 하나는 바로 커뮤니케이션 능력이다. 우리는 일을 하며 수많은 사람을 만난다. 그들에게 내 업무를 단순히 설명해야 할 때도 있고, 프로젝트의 사활을 걸고 고객을 설득해야 하는 경우도 있으며, 때로는 동료의 곤란한 부탁을 기분 상하지 않게 거절해야 할 때도 있다.

이런 상황도 문제이지만 요즘은 전화, 이메일, 각종 협업툴 등 커뮤니케이션 통로가 다각화되어 소통 방법이 더욱 복잡해졌다.

모든 경우를 다 대비할 수는 없겠지만, 최소한 오해는 불러일으키지 않도록 커뮤니케이션의 기본기는 갖춰야 하지 않을까? 회사에서 자주 사용하는 커뮤니케이션 수단을 중심으로 소통의 기본에 대해 살펴보자.

14

첫 커뮤니케이션, 이메일 쓰기 노하우

업무에서 가장 많이 쓰이는 커뮤니케이션 수단 이메일
하지만 이메일 쓰기가 가장 어렵다

회사에서 가장 빈번하게 쓰이는 커뮤니케이션 수단은 바로
이메일이다. 늘 써 왔던 건데 뭐 별건가 싶지만, 대리나
팀장한테 보내는 메일이니 뭔가 예의를 갖추고 조리 있게
써야 할 것 같은 압박이 느껴진다. 이런저런 고민으로 고작
메일 하나 쓰는 데도 30분이 넘게 걸리니 자괴감도 들고…
도대체 뭐가 문제일까?

　말하기와 글쓰기의 차이에서 오는 문제다. 우리는
비일상적인 글쓰기보다 일상적인 말하기에 더욱 익숙하다.
대면 보고나 전화는 일상 소통과 비슷하지만 이메일은 평소에
잘 하지 않는 글쓰기를 해야 하니 당연히 어렵게 느껴진다,
아니 실제로도 어렵다.

　이메일을 쓰기 전에 일단 부담감을 내려놓고 그 내용을
말로 한다고 생각해 보자. 업무를 진행할 때 내가 가진 정보나

의견을 주위 사람에게 말로 전달하는 것이나 이메일로 전달하는 것이나 큰 차이는 없다. 다른 점은 단 하나, 이메일은 글이라는 형태로 전달한다는 것이다. 이메일을 쓰기 전에도 반드시 누구에게 어떤 목적으로 보내는지, 어떤 반응 또는 회신이 언제까지 와야 하는지 먼저 머릿속에 정리해 둬야 한다. 그러고 나서 글로 옮기면 된다. 여기서 주의할 점은 '두괄식'으로 써야 한다는 것.

제목만 보고도 상대방이 어떤 목적으로 어떤 내용을 썼는지 예상할 수 있어야 한다. 사내 이메일이라면 보통 제목 말머리에 이메일을 쓴 목적을 밝힌다. [공지], [공유], [업무 협조], [긴급]처럼 말이다. 필요에 따라 부서명을 함께 넣기도 하지만, 사내 불특정 다수에게 혹은 특정 부서에 부서명을 반드시 알려야 하는 경우가 아니면 대부분 생략한다. 사외 이메일의 경우에는 예를 들어 '[패스파인더넷] ○○ 요청드립니다'와 같이 회사명을 말머리에 쓰고 제목에서 목적을 밝힌다.

본문은 간단한 인사말과 자기소개로 시작한다. 보통 '안녕하십니까, ○○○ 부서 ○○○입니다'라고 쓰는데, 사외에 보낼 때는 부서 앞에 회사명을 넣는다. 인사말과 자기소개는 상대방과의 친밀도에 따라 자유롭게 쓰면 되지만, 보통 2~3줄을 넘기지는 않는다. 다음으로 이메일을 보내는 목적을 쓴다. 왜 보내는지, 상대방이 내용을 확인하고 무엇을 해 줬으면 하는지 적는다. 이메일의 기본은 메일을 열었을 때 중요한 내용이 한눈에 들어오도록 작성하는 것이다. 내용이 길 경우 간략히 요약하고 상대방이 해야 할 일을 정리해 먼저 첫 화면에 볼 수 있게 한다. 나머지 상세한 내용은 그 아래에 '하단'이라 표기한 뒤 쓰거나 파일로 첨부한다.

요즘은 이메일에도 이모티콘을 자주 사용하는데, 정석은 이모티콘이나 일상용어를 사용하지 않는 것이다. 특히 해외에 보내는 이메일이나 회사 혹은 부서 대표로 쓰는 공식 메일에는 절대 쓰지 말아야 한다. 어설프게 감정을 담으려다 보면 오히려 오해를 불러일으키기 쉬운 것이 이메일이다. 따라서 최대한 감정을 드러내지 않고 써야 객관적이고 믿을 수 있는 소통 수단이 된다. 무엇보다 이메일은 일단 보내면 증거가 남기 때문에 더욱 조심해야 한다.

15

첫 커뮤니케이션, 사내 메신저 사용법

대화보다 텍스트로 소통하는 것이 더 편한 세대이지만
메신저는 위험한 면이 많다

카카오톡으로 대표되는 메신저는 이미 대화보다 익숙하고
편한 커뮤니케이션 수단으로 자리 잡았다. 사내 메신저 또한
이메일보다 훨씬 익숙하고 편한 것이 사실이다. 이메일이
공식적이고 딱딱한 느낌이라면 사내 메신저는 더 사적이고
감성적이다. 게다가 비대면 텍스트라는 점은 같지만 메신저는
말하기와 훨씬 가깝다. 그리고 대면 소통이나 전화와는 달리
자료 공유나 활용도 자유롭게 할 수 있다. 이런 장점을 잘
이용한다면 분명 매력적인 커뮤니케이션 수단이 틀림없다.

　하지만 사내 메신저는 텍스트 기반에서 오는 위험성도
내포하고 있다. 말하기의 경우 작정하고 녹음하지 않는 이상
서로가 나눈 대화는 사라진다. 말실수를 해도 딱히 증거가
남지 않는다. 반면에 메신저는 내가 저지른 실수가 글로
남아 '박제'된다. 게다가 여러 명이 함께 대화하는 경우, 자칫

중요한 내용이나 맥락을 놓치고 오해의 여지를 만들 수도 있다. 즉, 말하기와 글쓰기의 단점 또한 함께 가지고 있는, 조금은 위험한 커뮤니케이션 수단인 것이다.

사내 메신저를 카톡처럼 쓰면 안 된다. 사내 메신저는 친구가 가득한 단톡방처럼 시시콜콜한 이야기를 구구절절 나누는 곳이 아니다. 전화로 전달할 만큼 긴급한 사안은 아니지만 이메일보다는 빠른 확인과 처리가 필요할 때 쓰는 엄연한 업무 커뮤니케이션 채널이다.

이메일만 해도 공식적인 느낌이 강하고 어느 정도 형식을 갖춰야 하다 보니 실수가 생길 가능성이 낮다. 하지만 사내 메신저에 무심코 적은 한 문장, 부장 뒷담화나 거래처 험담 등이 구설수가 되어 돌아오는 것을 비일비재하게 봤다.

사내 메신저와 카톡을 구별하지 못하고 업무 관계자와 긴장감 없이 이야기하다 보면 결국은 오해가 생기게 된다. 사소한 오해가 사고로 번질 수 있으니, 이럴 때는 주저 없이 메신저를 멈추고 전화로 직접 소통하는 것이 현명하다.

명심하자. 원칙은 이메일과 대면, 그리고 전화 소통이다. 사내 메신저는 특수한 경우에 제한적으로 사용한다고 생각하자.

16

첫 커뮤니케이션, 전화 소통의 힘

전화는 고전적이지만
여전히 가장 강력하고 효율적인 소통 수단이다

소통 방법에서 최고는 얼굴을 맞대고 이야기하는 대면 소통이다. 서로 오해할 여지가 가장 적고 상대방의 표정이나 행동, 목소리 등을 통해 보다 정확한 판단과 대응을 할 수 있다. 하지만 시간과 장소의 제약이라는 장애물 때문에 매번 만나기는 어렵다. 그것을 대신할 방법 가운데 하나가 전화 소통이다.

전화 소통은 목소리를 통한 감정 신호를 파악할 수 있고, 텍스트 소통보다 빠르게 정보를 교환할 수 있다. 더구나 시간과 장소의 제약도 적다. 유선전화에서 무선전화로 넘어오면서 그 제약은 더욱 느슨해졌으며, 요즘은 화상 통화도 일반화되어 상대방의 표정도 읽을 수 있다. 하지만 여기에서는 일단 화상 통화는 제외하겠다.

텍스트 소통에 익숙한 세대가 많이 입사하면서 전화

사용이 확연히 줄었다. 전화 통화가 훨씬 효율적인 상황에서도 메신저로 이야기한다. 대면 소통이 필요한 상황에서 메신저를 사용하는 사람도 여럿 경험했다. 메신저로는 10분 걸릴 일도 전화로 하면 2~3분에 끝낼 수 있다. 그렇게 메신저를 선호하는 이유를 물었더니 전화하는 것이 두렵다고 답한 사람도 있었다. 상대방의 즉각적인 반응에 곧장 대처하는 것이 익숙하지 않고 무섭다고까지 말했다. 그런 마음을 충분히 이해하기는 하지만, 일을 잘한다는 건 가장 효율적이고 효과적으로 일을 처리한다는 뜻이기도 하기 때문에 그런 두려움을 깨야 한다.

메신저는 당신과 상대방이 일에 대해 충분히 숙지하고 있거나, 잘 모르는 경우 사전에 알려 주기 위해 쓰는 것이 좋다. 간단히 말하면 서로 오해의 여지가 적은 일에 대해 빠르고 가볍게 이야기를 나누고 기록을 남기기 위해 사용한다. 반면에 전화는 사전 정보가 적어 상세히 알려 주거나 알아야 하는 경우, 일을 빨리 진척시켜야 하는 경우 혹은 처음 관계를 맺는 사람과 대면 소통이 어려운 경우 사용한다.

전화 소통의 기본 또한 일상적 말하기와 같다. 사내에서 통화하는 경우 소속 부서와 이름을 말하고, 전화한 목적을 밝힌다. 그리고 상대방에게 통화 가능 여부를 물어본 뒤 구체적인 논의를 시작한다. 사외 통화인 경우에는 소속 부서 대신 회사명을 말하면 된다.

업무 관련 통화는 보통 이메일이나 메신저를 보조 수단으로 함께 사용한다. 업무 관련 기본 사항이나 자료를 먼저 이메일이나 메신저로 보낸 뒤 전화로 논의하는 식이다. 단, 사전에 내용을 숙지해야 논의가 가능하므로, 상대방이 자료를 확인할 시간적 여유를 두고 전화를 거는 것이 매너다. 사전에 보낸 이메일에 언제쯤 전화할지 미리 써 주면 더욱 효과적이다.

17

첫 커뮤니케이션,
여전히 최고는 대면 소통

시간과 장소의 제약이 크지만
가장 빠르고 효과적이다

조금 거창하게 말해, 인류가 사용한 가장 오래된 소통
방식은 단연코 대면 소통일 것이다. 물론 대면 소통 역시
장단점이 있다. 시간과 장소의 제약이 크고, 복잡한 내용인
경우 반드시 보조 수단이 필요하다. 관련 자료를 출력하거나
컴퓨터 화면으로 함께 볼 수 있도록 해야 하고, 상황에 따라
화이트보드가 필요하기도 하다. 말의 속성상 내뱉는 순간
사라지기 때문에 녹음하거나 별도로 기록을 해야 한다.
그럼에도 여전히 가장 빠르고 효과적인 방법인 이유는 시각과
청각 등 오감을 통해 상대방의 모든 정보를 받을 수 있기
때문이다. 물론 그렇다고 정보 전달의 오류가 전혀 없는 것은
아니지만, 다른 소통 수단과 비교했을 때 훨씬 정확하다.
내용을 전하는 입장에서도 모든 표현 수단을 동원할 수 있고,
다양한 보조 수단을 활용해 풍부한 정보를 효율적으로 전달할

수 있다. 더구나 상대방과 관계를 쌓는 데도 효과적이다. 정말 중요한 사안은 직접 얼굴을 보고 이야기하는 오프라인 미팅이나 보고로 진행하는 이유가 바로 여기에 있다.

앞서 대면 소통에 대해 여러 번 언급했기 때문에 여기에서는 대면 소통에서 어떤 식으로 정보가 오가는지를 알아보겠다.

먼저 내용을 전달하는 주요 수단은 전화와 마찬가지로 음성이다. 대부분의 정보는 음성으로 전달된다. 여기에 오감으로 얻을 수 있는 모든 정보가 더해진다. 시각적 보조 자료를 통해 음성으로 전달하기에 부족한 부분을 채울 수 있다. 흥미로운 것은 그다음이다. 상대방의 손짓이나 행동, 표정부터 상대방이나 미팅 장소에서 풍기는 냄새가 있다. 미각이나 촉각을 쓸 일은 거의 없으니 일단 제외하고, 말로는 표현할 수 없으나 육감으로 느낄 수 있는 현장의 미묘한 분위기나 느낌이 있다. 이 정보들은 시각과 청각으로 들어오는 정보를 보완해 주는 동시에 훨씬 더 많은 것을 알려 준다. 예를 들어 상대방이 진심을 말하는 것인지, 그 정보가 사실인지, 미팅 전후 어떤 일이 있었는지, 여러 명이 함께 있다면 누구는 호의적이고 누구는 적대적인지, 상대방이 어떤 사람인지 등 다른 소통 수단으로 알아내기 어려운 정보를 파악할 수 있다. 중요한 의사결정이 필요한 경우나 협상을 해야 하는 경우 혹은 누군가를 설득해 무언가를 얻어 내야 하는 경우 반드시 대면 소통을 하는 이유다.

이외에 일을 함께하거나 도움을 받아야 하는 사람을 처음 만날 때도 대면 소통이 필요하다. 과연 믿고 함께할 수 있는 사람인지를 반드시 판단해야 하기 때문이다. '첫인상' 편에서 이야기했던 것과 마찬가지로 당신도 상대방에게 그런 인상을 받아야 같이하고 싶을 것이다. 함께할 만한 사람이라는 판단이 서면, 첫 미팅을 대면 소통으로 했기 때문에 훨씬 친밀한 관계가 되어 이후 일하기가 더 수월하다. 또한 영업이나 시장 조사를 위해 고객을 파악해야 하거나 업무상 이해관계자를 알아야 하는 경우도 마찬가지다.

상대방을 제대로 파악해야 하거나 정말 중요한 사안이 있다면 귀찮더라도 대면 소통을 원칙으로 하고, 육감까지 열어 주위 모든 것을 관찰하고 느끼도록 한다.

18

첫 커뮤니케이션, 호칭의 중요성

직장 생활을 시작하면
먼저 호칭 정리부터 해야 한다

상대방을 정확한 호칭으로 부르는 것은 정말 중요하다. 특히 우리나라는 여전히 나이를 따지는 문화이기 때문에 더욱 그렇다. 호칭을 잘못 불러 곤경에 빠지거나 잘못된 호칭으로 불려 기분 나빴던 경험이 누구나 있을 것이다. 직장 생활에서는 더 중요하고 민감한 문제다.

호칭은 그 사람이 어떤 사람인지 알려 주는 역할을 한다. 이름 뒤에 붙이든 이름 대신 부르든 간에 호칭 자체가 그 사람의 사회적 직업적 위치를 설명해 주고, 어떤 호칭을 좋아하느냐에 따라 그 사람의 생각도 읽을 수 있다. 예를 들어 회사 이사이자 교수인 사람이 있다면, 상황에 따라 '○○○ 이사님', '○○○ 교수님'으로 맞춰 불러야 한다. 평소 '○○○ 이사님'으로 불러 달라고 한다면, 그는 교수라는 직함보다 기업 이사로서의 역할을 더 중요시하거나 익숙하고 편하게 느낀다는 것을 알 수 있다.

우리나라도 수평적인 조직 문화를 도입한 기업이 많다. 스타트업 기업부터 일반 대기업까지 많은 곳에서 시행하고 있다. 서로 영어 이름을 부르거나, 이름 뒤에 '님'을 붙이거나, 직급 체계를 단순화해 '○○ 프로', '○○ 매니저'로 부른다. 반면에 예전 직급 체계를 고수하는 곳도 여전히 많다. 사원, 대리, 과장, 차장, 부장, 상무, 전무 등의 직급이 그것이다. 직책으로는 팀장, 이사, 센터장, 본부장, 그룹장 등이 있다. 대부분 직급과 직책을 동시에 가지고 있다. 머리가 터질 듯 복잡하다. 그렇다면 어떻게 호칭을 정확하게 쓸 수 있을까?

먼저 가장 안전한 방법은 상대방의 이름밖에 모를 때 '○○님'이라고 부르는 것이다. 누구도 특별히 기분 나빠하지 않으며 대부분의 사람에게 거부감이 없는 호칭이다. 서로 이메일이나 명함을 교환해 직급과 직책을 알게 되었다면, 회사와 조직마다 다르기는 하지만 우선 직책을 호칭으로 쓴다. 만약 호칭이 여러 개라면 그중에서 사회적으로 지위가 가장 높은 호칭을 사용한다. 이후 계속 소통하면서 그 회사나 외부 사람들이 어떻게 부르는지 기억했다 그 호칭으로 부르는 것이 매너다. 만약 미팅 자리라면, 미팅 참석자 특히 그 회사 사람들이 그 사람을 어떻게 부르는지 유심히 들었다 그 호칭을 쓰는 게 좋다. 직급과 직책은 기존 체계대로이지만 조직 내에서는 영어 이름이나 '○○님'을 쓴다면, 일단은 직책에 따른 호칭을 부르되 상대방이 영어 이름이나 '○○님'으로 불러 달라고 하면 거기에 맞춰 호칭을 바꾸면 된다.

'○○ 씨'는 윗사람에게는 사용하지 않는 호칭이기 때문에 쓰지 않는 게 좋다. 대신 '○○님'이라 부르면 되고, 영어 이름을 쓰는 곳이라면 이름만 부르고 뒤에 '님'을 붙이지 않는다. 기본적으로 영어 이름에는 존칭이 붙지 않기 때문이다. 물론 상대방이 한국 이름 대신 영어 이름을 기존 호칭 체계에서 쓰는 경우는 예외다. 예를 들어 '알렉스 본부장님'으로 불러야 한다.

습관이 될 때까지는 어려울 수 있다. 익숙해지기 전까지 나보다 연차가 많고 사람을 많이 만나 본 주변 동료나 상대방의 조직 사람들이 어떻게 부르는지 듣고 그대로 하면 최소한 호칭으로 실수할 일은 없을 것이다.

19 –
24

첫 회의,
최고의 결과를
도출해 내는 전문
퍼실리테이터처럼

직장에서 가장 많이 하는 게 바로 회의다. 회사는 여러 사람이 함께 일하며 공동의 성과를 만들어 내는 곳이기 때문이다. 공동 작업을 위해 서로의 의견을 조율하고 거기에 맞춰 업무를 배분하며, 그런 각자의 결과물이 모여 하나의 성과가 이루어진다. 이런 과정을 보면 회의는 핵심적인 업무 활동이라 할 수 있다. 하지만 직장인이 받는 스트레스의 가장 큰 원인이 회의이기도 하다. 회의하느라 일할 시간이 없다는 말까지 나올 정도인데, 이는 회의를 제대로 운영하지 못해 생기는 문제다.

19

첫 회의, 회의 준비의 기본

회의의 목적부터 생각한다

처음 직장에 출근하면 짧으면 몇 시간, 길어도 며칠 안에는
회의에 참석하게 된다. 팀장 주관으로 각 팀원의 주요 업무
진행 상황을 공유하고 방향과 진도를 맞추거나 업무 협업과
배분을 논의하는 팀 회의부터, 타 부서나 사외 파트너사와의
업무 협조와 협업 혹은 중요한 의사결정을 위한 회의까지.
회의에 들어가기 전에 충분히 설명을 들었는데도 어떤
회의인지 잘 모르겠고, 참석한 사람들이 누가 누군지도
모르겠다. 이것저것 열심히 적기는 했는데, 무슨 말인지도
이해가 잘 안 된다. 그런데 갑자기 누가 내 의견을 물어보니
정신은 하나도 없고 식은땀만 흐른다.

  회의는 목적을 파악하는 것이 가장 중요하다. 이 회의를
왜 하는가? 과연 필요한 것인가? 이 두 가지가 핵심이다.
회의를 주관하는 입장이라면 더욱 그렇다. 회의는 일과

관련된 사람들이 모여 서로의 생각을 맞추고 일을 배분하는 자리다. 의사결정권자나 일을 추진해야 하는 부서나 사외 파트너를 설득해 일이 진행되도록 만드는 자리이기도 하다. 회의는 단순히 정보를 공유하는 자리가 아니다. 정보 공유는 이메일이나 메신저 등 커뮤니케이션 수단으로 하는 것이 일반적이다. 하지만 나눠야 할 정보가 복잡해 단순히 전달하는 정도로 충분치 않은 경우 회의가 필요하다. 그렇지 않고 단순히 정보 전달을 목적으로 하는 회의, 높은 자리에 있는 임원이 자기 생각과 의견을 일방적으로 전달하는 회의만 없애도 비생산적인 회의가 너무 많아 스트레스라는 말은 사라질 것이다.

회의의 목적만큼 중요한 다른 준비 사항은 참석자 선정과 회의가 끝나고 기대되는 결과물이다. 진짜 일은 회의가 끝나고 시작되는데, 회의 전에 부서장처럼 일해야 할 사람을 결정하는 사람과 실무를 맡을 사람을 정확하게 파악해야 한다. 회의 참석자는 바로 이들이다. 당신이 회의 참석자와 함께 일을 한다고 생각하면 누구에게 무슨 일을 요청할지 그림을 그려 볼 수 있다. 그 그림에 맞춰 참석자를 구성하고, 회의 결과를 예상해 본다.

주의할 부분은 사전에 회의 목적과 안건, 참석자 명단을 정리해 회의 참석자에게 명확히 전달해야 한다는 점이다. 그래야 그들이 거기에 맞춰 미리 준비하고 회의에 참석할 수 있기 때문이다. 그러면 효율적으로 회의를 운영해 최선의 결과물을 도출해 낼 수 있다. 만약 상대방이 준비가 미흡하다면 당신에게 유리한 방향으로 회의를 유도할 수 있다.

미리 준비해 오지 않은 것은 상대방 책임이기 때문이다.

여전히 회의 준비가 어렵고, 어떻게 하라는 것인지 이해되지 않을 수 있다. 일단 처음부터 업무에 익숙하지 않은 당신에게 혼자서 회의를 주관하라거나 회의에 대표로 참석하라고 하지는 않을 것이다. 선임이나 팀장이 부르든 부르지 않든 열심히 쫓아다니면서 참석해 분위기와 사람들을 익히고, 동시에 당신의 업무에 익숙해지도록 노력하면 차츰 회의 준비에 능숙해질 것이다.

회의를 주관할 때 가장 어려운 일은 사실 수많은 사람의 일정을 맞추는 것이다. 작은 팁을 이야기하면, 필수 참석자와 선택 참석자를 나누거나 동일한 목적의 회의를 몇 번에 나눠 진행하는 것이다. 서로 얼굴을 못 본 참석자 간에 추가 조율을 해야 한다는 단점이 있지만, 무리하게 한번에 모으는 것보다는 훨씬 수월하다.

20

첫 회의, 자리 배치의 중요성

회의 때 자리 배치는 많은 것을 의미한다

처음 회의를 맡아 사전에 회의 목적과 안건, 운영 방식을 정리하고 참석자를 선정해 가능한 한 많은 사람이 참석할 수 있는 시간과 장소를 예약했다. 참석자에게 사전 준비 사항을 포함해 안내도 모두 마치고 회의 자료부터 음료와 간단한 다과까지 다 챙겼다. 전날 미리 회의실의 장비도 문제없는지 확인했다. 이제 회의 시작 20분 전에 회의실을 세팅하고 참석자를 기다리면 되는데… 정말 꼼꼼히 다 준비한 것 같은데 막상 회의 시간이 되니 뭔가 허전하다. 놓친 것이 있는 것 같은데, 그게 뭐지? 문득 떠올랐다. 누가 어디에 앉을지 자리 배치가 안 되었던 것이다.

회의의 목적과 조직 분위기, 참석자에 따라 회의실 자리 배치는 달라진다. 이는 한국에만 있는 소위 '꼰대' 문화가 아닌 전 세계에 통용되는 글로벌 스탠더드다. 만약 참석자

전원이 동일한 발언권과 권한을 가졌다는 전제하에 진행되는 회의, 예를 들어 아이디어 회의나 프로젝트 초기 기획 회의 등은 자리 배치가 자유롭다. 또한 사전에 자리를 지정하지 않았다면 참석자는 각자 편한 자리에 앉으면 된다. 이런 경우 원탁을 쓰거나 자리를 원형으로 배치하는 것이 정석이지만, 회의실 상황에 따라 의견을 나누기 편한 형태로 배치해도 무방하다. 문제는 그 외의 경우, 참석자 사이에 직급이나 나이 차가 있어서 상석을 구분해야 할 때다. 회의의 상황별로 한번 살펴보자.

먼저 발표나 보고가 있는 경우다. 이런 경우 발표자나 스크린을 마주 보는 자리가 상석이다. 발표나 보고가 가장 잘 보이는 자리이기 때문이다. 일반적인 회의에서는 보통 출입구에서 가장 먼 자리를 상석으로 본다. 원탁에도 같은 기준이 적용되며, 마주 보는 테이블에서는 출입구에서 먼 곳 중 가운데가 상석이다. 보통은 참석자가 알아서 자리에 앉기 때문에 특별히 안내할 필요가 없다. 자신이 상급자임을 과시하기 위해서가 아니라 그런 기준으로 사전에 자리가 배치되었고 거기에 맞춰 회의가 준비되었으리라 모두가 예상하기 때문이다. 오히려 일반적인 기준에 맞게 앉지 않으면 사전에 세팅해 놓은 것을 다 바꿔야 하는 불상사가 발생한다. 그런데 형식과 틀을 별로 안 좋아하고 자유로운 분위기를 선호하는 사람들이 있다. 이런 사람이 가장 높은 사람이라면 회의실에 들어와 아무 데나 앉는 경우가 많다. 이럴 때는 그 사람이 앉은 자리가 무조건 상석이 되며, 대부분 그 자리를 중심으로 높은 순서로 가까이 앉게 된다.

외부 사람과 미팅할 때도 마찬가지다. 협상 전략상 우위를 보여 줘야 하는 등 특수한 상황이 아니라면 방문자를 상석으로 안내하는 것이 일반적이다. 다만 상사가 주로 앉는 자리를 권한다면 방문자가 부담스러워할 수도 있다. 그래서 해당 자리는 비워 두고 출입구에서 먼 쪽으로 안내한 후 마주 앉는 것이 보통이다. 물론 상대방을 특별히 존중해야 하는 상황이라면 상석을 권해도 무방하다.

상대방이 내 이야기에 집중하도록 하려면, 만약 창문이나 유리벽 등으로 밖이 보이는 회의실이라면 당신이 밖이 보이는 자리에 앉고 상대방을 창문이나 유리벽을 등지고 앉게 한다. 반면에 상대방의 주의를 분산시키는 게 회의 목적상 유리하다면 자리를 반대로 하면 된다.

회의실 자리는 회의 운영을 효율적으로 할 수 있는 동시에 회의 목적에 맞게 전략적으로 배치해야 한다. 자리 배치가 회의 결과에 많은 영향을 끼치기 때문이다.

21

첫 회의,
회의에 참석할 때 주의할 점

회의에서 그저 자리만 채우는 건 참석이 아니다

회의를 주관할 때와 마찬가지로 참석할 때도 먼저 회의의
목적을 파악해야 한다. 회의의 목적에 맞춰 당신이 회의에서
해야 할 일이 무엇인지 미리 준비하고 가야 한다. 회의에서
업무 담당자는 일의 진행과 관련해 당신의 의견을 묻고,
당신과 관련 부서가 무엇을 해야 하는지 조율하고 결정한다.
따라서 사전에 당신이나 부서 혹은 회사가 회의에서 제시할
의견이나 협업과 협상 내용을 꼼꼼히 준비해야 한다.

회의에서 오갈 내용을 미리 예상해 시나리오를 짜면
준비하기가 훨씬 쉽다. 회의의 목적은 보통 회의를 요청할 때
이메일이나 메신저나 전화로 알려 준다. 만약 회의의 목적이
불분명하면 연락해서 알아보고 회의에 참석하는 게 맞는지
결정한다.

사전에 회의 참석자와 회의에서 도출될 결과물을

파악하는 것 또한 회의의 목적만큼이나 중요한 사항이다. 회의 참석을 요청받은 사람이나 부서, 회사를 보면 회의를 주관하는 사람이 누가 어떤 일을 하기를 원하는지 파악할 수 있다. 또 회의 안건과 최종 결정 사항으로 회의의 결과물을 예상할 수 있다. 이 두 가지로 회의 참석 전에 당신이나 부서가 어떤 일을 어떤 선까지 해야 할지 내부적으로 반드시 정리해야 한다. 그렇지 않으면 최악의 경우 당신과 부서가 일을 과중하게 분배받는 사태가 발생할 수 있다. 당신은 부서나 회사를 대표해 참석했기 때문에 당신이 회의에서 어떤 결론을 맺고 오느냐가 부서와 회사에 직접 영향을 끼친다.

부서나 회사 대표로 회의에 참석했다면, 회의에서 오간 내용과 결과뿐 아니라 회의 참석 태도도 중요하다. 당신의 행동은 당신의 이미지뿐 아니라 부서와 회사의 이미지까지 좌우한다. 회의 중에 관심 있는 내용에만 집중하고 딴짓을 하거나 조는 사람을 종종 본 적이 있다. 그런 사람은 회의 중에 앞뒤 맥락이 없는 의견을 난데없이 던지기도 한다. 회의는 함께 모여 서로 소통하고 의견을 모으고 정리하는 자리인데, 그 목적에 전혀 부합하지 않는 행동이다.

회의를 하다 보면 당신의 권한으로는 답변하거나 책임지기 어려운 사안이 제기되기도 한다. 사전에 팀장이나 선임과 충분히 논의했어도 예상치 못한 일이 발생할 수 있다. 그럴 때는 당신이 결정할 수 있는 것과 없는 것을 참석자들에게 명확히 설명하고, 회의를 마친 뒤 부서 혹은 회사 내에서 상의해 알려 주면 된다. 또한 회의가 끝나면

회의를 주관한 측에서 보통 회의록을 보내 주는데, 회의에서 논의된 내용이 맞는지 반드시 확인해야 한다.

22

첫 회의, 회의 운영 가이드

서론은 짧게, 본론은 길게, 결론은 필수

조금씩 경험과 연차가 쌓이면 회의 준비가 아닌 '어떻게 회의를 운영할 것인가'라는 문제와 부딪히게 된다. 회의실 자리 세팅이나 회의록 정리, 끝난 후 후속 업무를 챙기는 일도 물론 쉽지 않지만 직접 회의를 주관하고 책임지는 것은 아니기 때문에 부담은 적다. 업무에 적응하고 연차가 올라가면 당신이 회의를 주관해야 하는 경우가 생긴다. 또 회의 주관자의 부재로 그 역할을 대신해야 할 때도 있다. 즉, 연차가 쌓이면 필연적으로 회의를 직접 운영하고 진행해야 한다는 것이다. 사람들 앞에서 발표하거나 의견을 내놓는 것도 익숙해지기 전에는 쉽지 않은데, 진행까지 해야 한다면 부담감은 극에 달한다. 어떻게 운영하고 진행하느냐에 따라 회의 결과의 성패가 갈리기 때문이다.

회의도 크게 서론, 본론, 결론으로 나눠 운영한다. 서론은 본격적으로 회의를 시작하기 전에 분위기를 잡는 것이다. 회의 참석자가 서로 인사하고 명함을 교환하거나 혹은 회의 주관자가 중간에서 소개를 해 준다. 동시에 가벼운 주제로 모두가 이야기를 나누며 긴장을 풀도록 유도한다. 보통 참석자 간에 어느 정도 라포르가 미리 형성되어야 더 좋은 결과를 얻을 수 있다. 그리고 회의의 목적과 안건, 진행 순서, 회의에서 도출할 최종 결과물에 대해 설명한다. 서론은 5~10분 정도로 짧게 끝낸다. 서론이 길면 회의 목적에서 벗어나거나 시간 관리가 안 되어 본론과 결론이 엉성해지는 주객전도 상황이 벌어질 수 있기 때문이다.

본론은 사전에 공유한 안건에 맞춰 진행한다. 보통 가장 중요하고 시급하거나 전체 회의 내용에 영향을 미치는 안건을 우선 배치한다. 회의 초반에 집중도가 가장 높기 때문에 이렇게 운영하는 것이 효율적이기도 하다. 물론 상황에 따라 일부러 가벼운 안건으로 시작하기도 한다. 중요한 주제가 협의하기 어려울 경우 작은 것부터 논의하면서 서로 상대방의 생각을 확인하고, 작은 주제를 협의한 경험으로 큰 주제를 성공적으로 협의할 가능성을 높이기 위함이다.

참석자에게 미리 요청한 의견이나 입장을 안건에 맞춰 이야기할 수 있는 기회를 부여한다. 최대한 다양하고 풍부한 의견이 나오도록 독려하는 것이 중요하다. 참석자가 골고루 자기 생각을 말할 수 있도록 배려해 주도적으로 의견을 내는 몇몇 사람에 의해 회의 결과가 좌우되지 않도록 해야 한다. 또한 참석자 모두에게 의견을 끌어내야 자신도 주체라는 의식을 갖고 이후 책임감 있게 일을 진행할 것이고, 의견을 내지 않고 소극적이고 방어적인 태도로 일관하다 회의가 끝난 뒤 결과에 동의하지 못한다며 갑자기 발을 빼는 사태가 생기지 않을 것이다.

결론은 회의에서 결정된 주요 내용을 전반적으로 확인하는 것이다. 참석자들이 협의한 사항을 다시 짚어 가면서 서로 이견이 없음을 확인하고 잘못된 부분이 있으면 바로잡는다. 그리고 회의 후속 조치로 각자가 해야 할 일과 일정을 정리한다. 이것이 회의의 최종 결과물이다. 회의가 끝나갈 즈음이면 집중력이 떨어져 결론을 소홀히 하는 경향이 있는데, 회의 이후에 일의 진행이 지지부진하거나 서로 잘못 이해해 문제가 발생하는 이유다. 지치고 귀찮더라도 반드시 꼼꼼히 정리해야 한다.

23

첫 회의, 회의록 작성과 공유

회의의 끝은 회의록 작성과 공유다

중요한 회의를 직접 준비하고 운영까지 하고 나면 완전히 긴장이 풀린다. 회의에서 충분히 이야기를 나누고 정리도 했으니 다 끝난 것 같다. 앞으로는 모든 게 술술 잘 풀릴 일만 남은 것 같고. 하지만 긴장의 끈을 놓으면 안 된다. 회의의 마무리는 회의록을 작성하고 참석자와 공유해 별 문제 없이 실제 회의한 결과대로 일이 진행되도록 하는 것이다.

회의록 작성은 우선 회의의 모든 내용을 최대한 담아내는 것에서 시작한다. 가능하면 한 사람이 전담해 회의록을 작성하는 것이 좋다. 회의에 적극적으로 참여하지 않아도 되는 사람이 적합하며, 보통 주관 부서나 회사 사람이 맡는다. 만약 당신이 직접 회의를 진행하지 않는다면 그 일을 맡게 될 가능성이 높고, 직접 진행해야 하면 다른 사람에게 부탁하는 것이 좋다. 상황에 따라 당신이 두 가지를 동시에

해야 할 경우도 있는데, 진행하면서 주요 내용만 기록하면
된다. 대신 일반적인 회의보다 조금 천천히 회의를 진행한다.
만약 참석자에게 동의를 구할 수 있다면 회의 전체를
녹음하는 방법도 있다. 하지만 소수가 좁은 장소에서 하는
회의가 아니면 제대로 녹음되지 않을 수도 있기 때문에 보조
수단으로만 사용해야 낭패를 보지 않는다.

다음 단계는 회의에서 기록한 내용을 바탕으로 공유
목적의 회의록을 작성하는 것이다. 회의록이라며 보내 왔는데
논의했던 내용이 체계적으로 정리되지 않은 경우가 있다.
회의 때 오가는 논의에는 모두 결론이 있다. 회의록은 그
결론을 중심으로 작성한다. '어떠어떠한 이유와 의견에 따라
어떻게 해야 한다'는 식으로 안건에 따라 각 문제나 주제를
정리한다고 생각하면 된다. 회의 전에 참석자에게 보낸 참석
요청 메일의 구성을 참고하는 것도 좋다. 회의의 목적과 안건,
진행 순서와 최종 예상 결과물이 적혀 있으니, 거기에 맞춰
실제 회의에서 논의한 내용을 넣는 것이다. 회의 역시 그
내용과 순서로 진행되었기 때문에 참석자가 회의록을 보고
기억을 떠올리기 쉽다는 장점도 있다.

회의록에서 가장 중요한 부분은 마지막 부분이다.
의사결정 회의였다면 어떻게 하기로 했으니 어떻게 하라는
내용이 들어가고, 일과 관련한 협업이나 분배 회의였다면
누가 언제까지 무엇을 어떻게 하기로 했다는 내용이 들어간다.
즉, 회의 목적과 직접 이어지는 부분인 동시에 실제 업무
진행과 그 성과를 지시하는 부분이기도 하다. 마지막 부분
때문에 회의를 했다고 해도 과언이 아니다.

추가로 회의록은 모든 참석자가 이해할 수 있도록 작성해야 한다. 일부 사람만 이해하는 용어는 쓰지 말아야 하는데, 부득이하게 써야 할 경우 추가 설명이나 주석을 붙여 준다. 또한 추상적인 표현이나 모호한 표현은 오해를 불러일으키거나 잘못 해석될 여지가 있으니 사용하지 않는 것이 좋다. 예를 들어 '최대한 지원하기로 약속함' 같은 표현은 부적절하다.

24

첫 회의, 회의의 끝은 일의 시작

진짜 일은 회의가 끝나는 순간 시작된다

회의의 끝은 회의록 작성과 공유라고 했지만, 회의의 근본 목적이 일을 하기 위해서이기 때문에 사실 그것이 끝은 아니다. 회의는 결국 협업으로 해야 하는 큰일을 나눠 하기 위해 하는 것이다. 즉, 참석자 가운데 한 명이라도 회의에서 결정된 사항을 이행하지 않으면 일은 진행되지 않는다. 당신이 주관한 회의였다면 그 일이 끝날 때까지 상대방이 맡은 일을 제대로 하는지 모니터링하고, 문제가 발생했다면 어떻게 해결해야 하는지도 끊임없이 살펴야 한다. 그저 맡겨 뒀다가 일정에 맞춰 일이 진행되지 않는 난감한 상황에 부딪히지 않으려면 말이다.

　각자 업무의 우선순위가 있기 마련이다. 자신이 주관하지 않는 일이면 후순위로 밀릴 가능성이 높다. 중요하고 급한 일을 먼저 하다 보면 다른 일은 점점 뒤처지게 되는데, 그것이 불행하게도 회의에서 하기로 약속한 일일 수 있다. 전체 업무 리스트를 매일매일 확인하면서 일하는 사람은 거의 없기 때문에 어쩔 수 없이 흔하게 발생하는 것이다.

이런 상황을 방지할 방법이 있다. 먼저 회의의 결과를 바탕으로 각 참석자가 해야 할 일과 일정, 결과물을 시기별로 정리해 두고 주기적으로 연락해 확인하는 것이다. 뒤에서 언급하겠지만, 이는 프로젝트 관리 역량과 관련된 일이다. 프로젝트 매니저만이 프로젝트를 관리하는 것이 아니다. 협업이 필요한 모든 일에 적용할 수 있다. 상대방이 일을 하지 않으면 가장 아쉬운 것은 당신이니 당신이 챙기는 것이 맞다. 이렇게 실천하다 보면 일을 꼼꼼히 챙기면서 성과를 낼 수 있으며, 향후 프로젝트 매니저를 맡거나 관리자나 리더가 되었을 때 훨씬 더 잘할 수 있다. 회의 참석자를 당신의 팀원이라 생각하고 하나하나 관리하며 일을 진척시켜 나가도록 하자.

병행하거나 별도로 쓸 수 있는 또 다른 방법은 참석자 전체를 대상으로 혹은 서로 업무가 연관된 참석자끼리, 아니면 각각을 대상으로 중간 점검 회의를 갖는 것이다. 이 역시 주기적으로 하는 것이 좋다. 해당 기간 동안 일이 어디까지 진척되었고, 어떤 문제가 발생했으며, 어떻게 해결하고 어떤 도움이나 지원이 필요하며, 현 상황에서 최종 결과물이나 일정이 수정되어야 한다면 어떻게 수정해야 할지 등을 논의하는 것이다. 대면 회의의 효과는 그 자체만으로도 부담을 주어 일을 하도록 압박할 수 있다는 것이다. 의도적으로 일에 대한 긴급성을 강조해 상대방이 업무의 우선순위를 높이도록 할 수 있다. 사전에 회의 준비를 하면서 일의 중요성을 재확인하고 동기부여를 받기도 하며, 회의를 통해 보다 효과적인 일의 진행 방법을 찾거나 향후 발생할 문제를 미리 방지할 수 있다.

결국 회의는 당신의 일을 다른 사람과 함께하는 효과적인 방법이라 할 수 있다.

25 –
28

첫 단순 업무,
단순한 업무도
열정가처럼

경력직이 아닌 신입이라면 가장 먼저 단순 업무를 맡게 된다. 복사하고 출력하고 서류철 만들고 회의실 자리 세팅하고… 내가 이러려고 회사에 들어왔나? 드라마처럼 대표 앞에서 프레젠테이션하고 박수 받는 그런 걸 바란 건 아니지만, 이런 허드렛일은 너무하지 않나 싶은 생각이 들 것이다(나도 그랬다). 하지만 허드렛일이라고 생각하는 그 일이 업무의 시작이자 기초다. 이런 사소한 일조차 제대로 못하는 사람에게 중요한 일을 어떻게 믿고 맡기겠는가? 이런 단순 업무가 당신을 지켜보는 상사 입장에서는 당신의 업무 처리 능력과 태도를 평가하는 가장 좋은 요소가 된다.

25

첫 단순 업무, 단순 업무는 첫 테스트

단순 업무는 당신의 역량과 태도를 확인하는 시험대다

회사에 들어가자마자 바로 전략팀에 배치된 입사 동기
A가 있었다. 일반적으로 신입사원을 전략이나 마케팅 등
기획 업무가 주인 팀에 보내는 경우는 많지 않다. 산업이나
직무에 대한 기본 지식은 물론 실무 경험과 사내 네트워크를
갖춰야 원활하게 수행할 수 있는 업무이기 때문이다. 그런데
처음부터 전략팀으로 가다니, 동기 사이에서 A는 그야말로
선망의 대상이었다. 이후에 입사 동기들이 어렵게 한자리에
모인 적이 있었다. 몇 달 만에 얼굴을 봤으니 반갑기도
하고, 또 그런 자리에서는 당연히 회사 얘기(주로 험담)가
미주알고주알 나오기 마련이었다. 그러던 중 입사 동기 B가
물었다 "지금 우리가 가진 가장 큰 경쟁력이 뭘까?" A가
대답했다. "내 경쟁력은 서류철 바인딩이야!"

　신입인 당신에게 출력하고 복사하고 엑셀에 자료

입력하는 등 단순 잡무가 몰리는 것은 당연하다. 회사와 실무를 전혀 모르는 신입에게 처음부터 독립된 일을 맡길 수는 없으니까. 신입은 업무 보조부터 시작해 마치 공공재가 된 양 여러 선임의 자잘한 일을 도맡게 된다.

이와 함께 생각해야 할 것이 하나 더 있다. 앞서 '첫 출근, 대기시간 보내기'에서 언급한 것처럼 사무실의 모두가 신입인 당신을 관심 있게 지켜보고 있다. 즉, 대기시간은 일종의 1차 첫인상 테스트였던 셈이고, 단순 업무 수행은 2차 테스트에 가깝다고 볼 수 있다. 하나를 보면 열을 안다고, 작은 일도 성실하게 수행하는 모습을 보면 앞으로 일을 맡겼을 때의 태도를 예상할 수 있기 때문이다.

서류 프린트를 예로 들어 보자. 대부분의 신입이 가장 많이 하는 일이 출력일 것이다. 선임이 메일로 보낸 파일을 ○○부 출력해 오라고 한다. 메일함을 확인해 첨부 문서를 열고 Ctrl+P를 누른 뒤 출력물을 전해 드리면 끝이다. 하지만 조금 다르게 일하는 사람도 있다. 단축키를 누르기 전에 먼저 용지 설정이나 프린트 미리보기부터 확인한다. 어떻게 출력해야 보기 편할까? 혹은 부서에서 주로 쓰는 프린트 스타일이 있을지도 모른다. 선임에게 물어볼까? 스타일도 스타일이지만 가로세로 비율 등 기본 요소도 꼼꼼히 확인해야 한다. 엑셀 파일을 A4로 출력했는데 글씨가 깨알같이 나오거나 표가 중간에 싹둑 잘릴 수도 있다. 아니면 흑백으로 출력하면 될 것을 컬러로 수십 장 출력하는 사고를 칠 수도 있다. 입사 초기에 흔히 하는 실수이지만 당신을 지켜보는 상사에게는 신입이 앞으로 일을 잘할지 판단하는 리트머스 역할을 한다. 업무 난이도만 다를 뿐 기본 태도와 마음가짐은 같기 때문이다.

또한 상사와 주변의 평가와는 별개로 단순 업무는 신입 자신에게도 의미 있는 일이다. 출력이나 복사, 서류철을 만드는 과정에서 신입은 실무 문서를 볼 기회가 생긴다. 물론 내용을 정확하게 이해하기는 힘들 것이다. 처음에는 문서 형식이나 구조를 파악하는 데서 출발하자. 선임이 가르쳐 주는 기본적인 업무 지식과 오가며 어깨 너머로 본 것이 쌓이면 문서 내용도 이해할 수 있게 될 것이다. 즉, 단순 업무를 통해 회사와 부서가 돌아가는 상황을 파악하는 것이다.

부서 간 서류 배달이나 기타 심부름, 회의실 세팅은 사내 네트워크를 쌓는 기회가 된다. 입사 초기에는 모든 것이 낯설고 아는 사람도 없을 수밖에 없는데, 이런 기회를 통해 나를 알리고 실무자들과 안면도 익히는 것이다. 그러면 나중에 본격적으로 업무를 수행할 때 큰 도움이 된다.

26

첫 단순 업무, OA기기 다루기

각종 OA기기를 능숙하게 사용하려면 반복 학습이 필요하다

갑자기 선임이 회의 자료를 참석자 수만큼 복사해 오라고
지시한다. 처음 출근했을 때 여기저기 돌아다니며 각종
시설이나 기기 위치를 확인해 둔 보람이 있다. 복사하러
가려는 순간 자료에 수정 사항이 있다면서 수정 파일을 다시
보낼 테니 그걸로 준비하라고 한다. 오케이! 파일을 열고
출력 설정을 하고 인원수에 맞게 출력을 걸었다. 출력이 다
되려면 시간이 조금 걸릴 테니 그동안 파일 내용을 읽는다.
이런 목적으로 회의를 하는구나. 이 주제는 나도 의견을
내면 도움이 될 것 같은데? 메모해 두었다 말씀드려야겠다.
출력물을 가지러 복합기에 갔는데, 아뿔싸, 출력물이 없다!
다른 사람이 잘못 가져갔나 싶어 주위를 살펴보고, 출력
오류인가 싶어 컴퓨터와 복합기를 확인하는데 정상이다.
하다못해 다른 출력물은 잘만 나오고 복사도 잘된다. 뭐가

문제이지?

　　가장 흔하게 겪는 일이다. 귀신이 곡할 노릇일 것이다. 하지만 출력물은 제대로 출력되었다. 다만 다른 복합기로 나왔을 뿐이다. 복합기가 여러 대인 사무실에서는 어떤 복합기로 출력되는지도 미리 확인해야 한다. 처음 설정할 때 자동으로 선택되는 경우도 있고, 수동으로 선택해야 하는 경우도 있다. 수동인 경우 대부분 매뉴얼을 함께 주니 참고해서 설정하고, 매뉴얼이 없다면 이미 복합기를 쓰고 있는 동료에게 물어본다. 대부분 자신의 부서가 사용하는 복합기가 있으니 그것으로 설정한다. 만약 잘못 설정되어 있으면 다른 부서 복합기에 당신의 출력물이 잔뜩 출력되어 있을 수 있다.

　　회사마다 다르기는 하지만, 복합기부터 일반 유선전화, 팩스, 자동 응답 기능 등이 탑재된 스마트 전화, 여러 명이 한꺼번에 접속할 수 있는 회의용 전화와 화상 메신저, 지방 혹은 해외 지사나 외부 사무실과 함께 회의할 수 있는 화상 회의실, 각종 설비가 세팅된 대형 회의실까지 효율적인 업무를 위한 OA 장비나 시설이 정말 많다. 모두 자유자재로 사용할 수 있을 만큼 충분히 익혀 둘 필요가 있다. 모르면 당신만 불편한 상황이 발생한다.

　　복합기와 마찬가지로 대부분 OA기기의 매뉴얼이 비치되어 있다. 파일이나 책자, 복사물 형태인 경우도 있고, 사내 게시판에 올려 둔 경우도 있다. 먼저 매뉴얼이 어디 있는지 동료에게 물어보고 찾아서 익힌다. 그리고 해당 기기나 시설을 사용하는 동료가 있으면, 자기 일과 상관없더라도 쫓아가 어떻게 쓰는지 배우는 게 좋다. 평소 다른 사람이 사용할 때 유심히 관찰하는 것도 큰 도움이 된다. 직접 사용해야 할 일이 있으면 처음 몇 번은 선임이나 동료에게 도움을 청해 배우면서 익힌다. 사용법이 쉬운 기기는 한두 번 써 보면 익숙해지는데, 해외 화상 회의처럼 복잡하거나 평소 접해 보지 못한 것은 여러 번 해 봐야 숙달된다. 자동차 운전과 같다고 생각하면 된다. 반복 학습 외에는 답이 없다.

27

첫 단순 업무,
작업 목적에 맞는 파일 형식 선택

다양한 오피스 프로그램을 적절히 사용할 줄 알아야 한다

팀장이나 선임이 당신에게 하나둘 일을 주기 시작한다. 수기나 출력본으로 된 데이터를 엑셀 프로그램에 입력하거나, 수기로 간단히 적은 기획안과 자료를 함께 받아 기획안 초안을 작성하거나, 통계 자료를 분석해 간략히 정리하거나… 설명을 들을 때는 별것 아니게 느껴졌는데, 막상 컴퓨터를 켜니 막막하다. 쉬운 일이라고 생각했는데 왜 이렇게 진도가 안 나가지?

먼저 작업 지침을 받을 때 궁금한 점이 있거나 뭔가 명확하지 않다 싶으면 그 자리에서 물어보고 확실하게 알아야 한다. 그래야 쓸모없는 일을 하는 낭패를 피할 수 있다. 일을 시키는 사람은 명확하게 설명했다고 생각하지만, 받는 사람은 그렇지 않을 수 있다. 이미 익숙한 일이라 최대한 당신을 배려한다 해도 자기 기준에서 설명할 가능성이 높기

때문이다. 너무 사소해서 물어보면 민망할 것 같아도 무조건 물어봐야 한다. 일단 작업을 맡기면 상대방은 당신이 일정에 맞게 작업물을 완성해 오리라 기대한다. 기대가 실망이 되지 않도록 하려면 언제까지 어떠한 결과물을 원하는지 반드시 명확하게 재확인해야 한다.

작업 목적에 따라 어떤 오피스 프로그램을 사용할지도 중요하다. 가장 흔히 쓰는 프로그램이 워드프로세서인데, 주로 쓰던 아래한글을 직장에서는 사용하지 않아 당황하는 경우가 많다. 미묘하게 사용법이 다르니 입사 전에 MS워드나 구글 문서(Google Docs) 사용법을 조금이라도 익혀 두는 것이 좋다. 맡은 일의 종류에 따라 사용해야 할 프로그램이 결정된다. 보통 데이터 작성은 엑셀 파일, 기획서에 삽입할 내용은 워드나 파워포인트 파일로 정리한다. 작업 지시를 받을 때 작업물이 어떤 목적으로 어떻게 활용될지 명확히 파악해야 한다.

작업물에 당신의 개성을 반영하거나 해서는 안 된다. 다른 최종 결과물에 활용하기 위한 것이니 그 작업에 용이하게 만들어야 한다. 예전에 같은 혹은 유사한 목적으로 작성된 자료를 반드시 참고하자. 부서 공동 자료실 파일이나 출력물을 찾아본다. 그래도 없으면 선임이나 동료에게 참고할 만한 자료를 부탁한다.

작업을 하다 궁금한 점이 생기면 망설이지 말고 주위 사람이나 작업을 지시한 사람에게 확인한다. 업무가 익숙하지 않은 상황에서는 중간에 확인받는 것이 필요하다. 다 작업해서 가져갔는데 기대와 달라 사용하지 못하게 되는 낭패를 피하기 위해서 말이다.

28

첫 단순 업무, 상대방을 배려하는 디테일

사소해도 놓쳐선 안 되는 단순 업무가 차이를 만든다

이번에는 다양한 단순 업무 가운데서도 더 세세하고 사소한 업무를 살펴보자. 팀장이나 선임의 지시로 혹은 동료의 부탁으로 단순 업무를 할 때, 굳이 그렇게까지 하라고 시키지 않았지만 하면 좋을 일에 대한 이야기다. 작은 차이가 명품을 만든다는 말을 들어보았을 것이다. 지금부터 살펴볼 일들이 그렇다.

먼저 계약서에 대한 것이다. 일을 하다 보면 사외 파트너나 고객과 계약해야 할 일이 많다. 언제 계약이 필요하고 어떻게 준비하는지는 전문 영역이라 여기서 다루지 않겠다. 계약을 해야 할 경우 계약서 초안은 준비하지만 사내 법무팀이나 사외 법무 서비스를 거쳐야 성사된다는 정도만 알아 두자. 계약에 동반되는 것이 계약서인데, 계약서 교환 준비는 연차가 적을 때 하는 경우가 많다. 검토가 끝났으니 계약서를 교환하라는 지시를 받으면, 먼저 계약 당사자용으로 2부를 준비하는 것이 기본이다. 상황에 따라 중간에서 법무 보증을 서는 회사를 위해 3부를 준비하기도 한다. 계약은 날인을 해야 효력이 발생한다. 대표이사 명의의 도장을 사용해야 하는지, 회사 명의의 도장을 사용해야 하는지 반드시 법무팀에 확인하고 도장 보관 부서의 협조를 받는다. 계약서 마지막 장의 양사 대표이사 이름이 적힌 곳에 도장을 찍는다. 여기까지가 일반적인 업무다. 디테일은 지금부터다. 계약서 변조를 방지하기 위해 2부 혹은 3부를 나란히 붙여 서로 맞닿은 부분에 도장을 찍는다. 표지부터 마지막 장까지 모든 페이지에 동일하게. 그리고 각 페이지를 절반으로 접어 앞 페이지의 뒷면과 뒤 페이지의 앞면이 만나는 지점에도 도장을 찍는다. 회사 문화와 직종의 특성, 계약 속성이나 규모에 따라 생략하기도 하지만 이것이 정석이다.

출력본이나 복사물을 스테이플러로 찍을 때도 센스가 필요하다. 보통 좌측 상단 끝에 찍는데, 서류가 넘어가는 방향에 맞춰 사선으로 찍기도 하지만, 회사 스타일이나 직속 보고라인 윗사람의 선호에 따라 가로나 세로로 평행하게 찍기도 한다. 기존 자료는 어떻게 찍었는지 주의 깊게 살펴볼 필요가 있다. 파쇄기도 사용할 일이 많은데, 안이 꽉 차면 파쇄기가 갑자기 멈추기도 한다. 본체를 열어 비우는 것도 방법이지만, 종이 특성상 부피만 차지하는 경우가 많으니 발이나 손으로 꾹 눌러 주면 다시 작동한다. 사용 후 다른 사람들을 위해 눌러 주는 것도 좋다. 복합기에 동료들이 출력한 출력물이 많은 경우 당사자에게 갖다 주면 고마워할 것이다. 출력물의 내용을 보고 알 수도 있지만, 보안 관리가 철저한 회사의 경우 출력물에 출력한 사람과 시간 등이 적혀 있다.

시시콜콜할 정도로 사소한 단순 업무의 대표적인 몇 가지 사례를 살펴보았다. 결국에는 그런 세심한 차이가 프로 같은 느낌을 주고 무엇보다 주위 사람을 배려하고 꼼꼼하다는 인상을 주어 당신의 이미지에 큰 도움이 된다.

**29 -
36**

첫 단독 업무,
능숙한 프로처럼

갑자기 팀장이 당신을 부른다. "이제 어느 정도 일에 익숙해진 것 같으니 ○○○ 업무를 맡아서 해 보세요." 드디어 일을 맡게 되었다! 지금까지는 팀장이나 선임이 지시한 일이나 동료들을 돕는 일이 대부분이었는데, 당신만의 일이 생긴 것이다. 신뢰와 인정을 받은 기분이라 너무 좋고 설렌다. 정말 잘해내고 싶은 마음에 의욕도 앞선다. 능숙하게 일을 잘 처리하는 프로로서의 한 걸음이 시작되었다. 그런 만큼 빈틈없이 해내고 싶은 마음이 절실할 것이다. 어떻게 하면 될지 주요 체크포인트를 중심으로 살펴보자.

29

첫 단독 업무, 업무 목적 파악

업무의 목적을 제대로 파악하는 것이 시작이다

당신이 맡은 일을 왜 해야 하는지에 대해 깊이 생각해 볼 필요가 있다. 회사에서 이루어지는 모든 일은 명확한 목적이 있으며, 그 목적을 달성하기 위해 일한다고 말할 수 있다. 일의 목적은 곧 회사에서 당신의 존재 이유이기도 하다. 당신이 없다고 회사가 안 돌아가는 것은 아니지만, 조직 구성원으로서 맡은 업무를 통해 회사에 기여하는 것이기 때문이다. 또한 업무 목적의 파악은 동기부여로 이어진다. 업무 목표를 하나씩 달성하며 자신감을 쌓고 성장할 수 있다.

예를 들어 마케팅기획팀에서 시장 조사와 트렌드 분석 업무를 담당하게 되었다고 하자. 당신의 일은 거시적 측면에서 시장이 어떻게 움직이고, 그 움직임이 어떤 트렌드로 드러나며, 시장과 고객은 무엇을 원하는지 알아내고, 그것을 기반으로 마케팅의 방향을 제시하는 것이다. 이 일은 사업이나 마케팅, 영업 전략과 상품 기획과도 밀접한 관련이 있다. 만약 당신이 일을 잘하지 못하면 회사의 수익에 큰 차질이 생길 수 있다. 회사에서 당신이 갖는 위치이자 회사가 보는 당신의 업무 목적이다.

당신의 커리어만 놓고 다시 생각해 보자. 이 업무를 통해 직무 전문성을 쌓아 가면서 점차 성장해 누구보다 이 일을 잘할 수 있다는 자신감이 생겼다. 이후 지금 업무를 보다 깊고 넓게 파서 시장 조사와 트렌드 분석 전문가가 될 수도 있고, 원래 하고자 했던 일이 사업 전략이나 마케팅 전략을 세우는 일이었다면 연관된 업무이기 때문에 그쪽으로 커리어의 방향을 틀 수도 있다. 영업이나 상품 기획도 마찬가지다. 혹은 지금 업무가 당신이 가고자 하는 커리어패스와 관련이 적다면, 업무를 통해 쌓은 노하우를 직무 전문성이 아니라 업무 처리 능력으로 풀어낼 수 있다. 회사에서 점차 큰일을 맡고 직급이 올라간다는 것은 제너럴리스트로서 당면한 문제에 대한 해결력이 뛰어나다는 뜻이다. 주어진 업무에서 문제 해결력을 높이고 일을 잘하기 위한 방법을 익히면 된다. 오히려 이 역량이 다른 분야에서 다른 각도로 문제를 바라보고 해결책을 찾는 데 도움이 될지도 모른다.

단독 업무를 맡으면 팀장에게 그 업무를 맡게 된 이유와 무엇을 기대하는지 솔직히 물어보는 것도 좋다. 그러면 회사 차원 혹은 개인 차원의 목적뿐 아니라 부서와 동료들이 바라보는 당신 업무의 목적도 알 수 있다. 실제 단독 업무를 하는 데 있어 목적을 명확히 인지하는 것이 무엇보다 중요하다. 목적에 맞춰 업무의 성격을 정의할 수 있고, 당신의 업무가 어떤 업무와 연계되어 있고 어떤 성과물을 만들어 내야 하는지 정리할 수 있다. 예를 들어 마케팅팀에서 시장 조사와 트렌드 분석 업무를 맡게 되었다면, 그 목적은 마케팅 전략과 기획을 세우는 담당자와 긴밀한 관계를 유지하면서 유효한 전략과 기획안이 도출되도록 지원하는 것이며, 3개월, 6개월, 1년, 3년 단위의 시장 흐름과 트렌드를 정확히 예측한 결과가 당신에게 부여되는 업무 기대치가 된다.

단독 업무를 맡으면 반드시 회사와 자신, 부서와 동료의 기준에서 기대하는 목적이 무엇인지 생각해 봐야 한다.

30

첫 단독 업무, 업무 맥락 파악

일의 맥락을 파악하지 못하면 낭패를 볼 수 있다

회사는 다양한 조직과 많은 사람이 섞여 있는 일종의 집합체다. 부서 안에서도 개개인이 처한 상황이 다르고, 조직과 부서별로도 입장이 다르다. 또한 회사도 관련 산업군이나 시장과 영향을 주고받으며 움직인다. 즉, 겉으로 드러나는 것 이외에도 업무에 영향을 미치는 여러 흐름이 있다는 의미다.

　너무 거창하고 복잡할 수 있으니 범위를 줄여 당신과 주변 사람들 혹은 관련 부서로 한정해 살펴보자.

　당신의 업무와 부서의 목표가 명확하고 그에 따라 일을 진행한다 해도, 주위 동료나 관련 부서 사람들의 입장과 역량, 상황 등이 변수로 작용할 수 있다. 누구라도 어떤 이유에서든 문제를 일으키면 나비효과처럼 당신의 업무에 영향을 미친다. 일이 진행되는 과정에서 얼마든지 변수가 생길 수 있으니 자신의 업무를 정리하고 계획을 세울 때 그런 예상 밖의 변수를 항상 고려해야 한다.

가령 꼭 급할 때면 몸이 아픈 동료가 있다든지, 팀장이 기획안을 보고 반드시 통과시키겠다고 호언장담을 할 때마다 일이 틀어진다든지, 급한 일일수록 관련 부서에서 자꾸 태클을 건다든지, 별별 상황이 벌어질 수 있다. 이런 돌발 변수에 능숙하게 대처할 수 있어야 일이 매끄럽게 진행된다.

이제 범위를 조금 더 넓혀 보자.

부서 내에서 사전에 충분히 논의하고 관련 부서들도 필요성을 공감해 의욕적으로 일을 추진했다. 결과물도 잘 나와 동료부터 선임까지 회사에서도 그 성과를 인정할 거라고 말했다. 그런데 갑자기 팀장이 회사 사정상 이 일은 당분간 멈추고 다른 일을 하라고 하거나, 또는 다른 기준과 관점을 내밀면서 결과물이 좋지 않다고 한다. 황당하기도 하고 화가 나기도 한다. 일하고자 하는 의욕이 확 꺾인다. 혹은 다른 회사와의 협상 회의를 위한 자료를 서로가 충분히 납득할 수 있게 명확하고 논리적인 내용으로 준비했다. 그런데 협상 자리에서 갑자기 특별한 설명도 없이 상대방이 일방적으로 회의를 결렬시켜 버렸다. 도저히 그 이유를 알 수가 없다.

여기서 작용하는 것이 맥락이다. 갑자기 회사의 사업 전략 방향이 바뀌었는데 아직 전 임직원에게 공개하기 전이라 특별한 설명 없이 당신의 일을 중단시킨 것일 수 있다. 아니면 타 부서에서 진행된 프로젝트의 결과물이 당신의 것과 비슷해 그쪽으로 일을 넘겼기 때문일 수도 있다. 협상할 때는 장기적 이익을 위해 의도적으로 긴장감을 조성하면서 기 싸움을 하는 바람에 회의가 결렬된 것일 수 있다.

업무 경험치를 쌓아 가면서 시야를 넓히고 평소 주위에서 벌어지는 일을 호기심 있게 지켜보다 보면 맥락을 읽는 능력을 키울 수 있다. 또한 당신 입장에서는 이해되지 않았던 의사결정이나 문제의 원인과 결과가 이후 드러나면 그 케이스를 잘 기억해 두는 것도 필요하며, 사회생활 경험이 풍부한 사람에게 의견을 구하는 것도 좋다.

업무가 성과로 이어지려면 눈에 보이지 않는 맥락을 파악하는 것이 중요하다.

31

첫 단독 업무, 보고라인 파악

일을 하는 것은 당신이지만
당신의 일을 회사에 팔아 주는 사람은 보고라인이다

단독 업무를 맡으면 보고라인을 꼭 확인하고 지켜야 한다. 보고라인은 혼자 결정하거나 임의로 바꿀 수 없다. 팀장에게 물어보고 정해진 라인을 지켜야 한다.

업무를 완료하면 그 경과와 결과를 상급자에게 보고해야 한다. 바로 위 선임과 파트장에게 먼저 보고하고, 통과되면 팀장에게 보고한다. 이후에 임원 보고가 진행되는데, 사안의 우선순위나 중요성 또는 임원의 스타일에 따라 팀장이 직접 보고하거나 당신이 보고하도록 지시한다. 어떤 사안의 결재를 받기 위해 최종 의사결정권을 가진 사람에게 순차적으로 올라가는 과정이 보고라인이며, 보고라인의 끝은 사안에 따라 팀장, 임원 혹은 대표가 될 수 있다.

회사에는 직책별로 전결 권한과 의사결정 권한이 정리되어 있는데, 업무별 또는 사용 금액별로 설정된 경우가 많다. 조직이 클수록 보고라인이 길고 복잡해 사업이나 업무 추진이 늦어지기 때문에 비효율성을 줄이기 위해 이러한 방식을 채택하는 것이다. 따라서 전결 권한과 의사결정 권한을 정리해 둔 문서나 공지를 먼저 찾아보는 게 필요하다. 만약 명문화되어 있지 않다면 선임이나 팀장과 상의해 결정하도록 하며, 명문화되어 있어도 모호한 부분이 있으면 팀장에게 물어보고 정리해야 한다.

보고라인은 당신을 평가하고 당신의 일을 회사에 팔아 주는 역할을 한다. 회사와 조직이 가야 할 방향에 맞춰 당신이 해야 할 일을 정해 주는 동시에 얼마나 잘해냈는지 평가한다. 대부분 직속상관이 보고라인이 되며 당신을 평가할 권한을 갖는다. 예외인 경우가 있는데, 특수한 목적하에 임시로 만들어진 조직에서 일하거나 타 부서 지원 업무를 맡아 평가도 그 부서에서 받는 경우다. 하지만 이런 경우도 대부분 직속상관이 해당 조직에서의 평가를 최종 승인한다.

보고라인만 신경 쓰며 일할 때 놓치기 쉬운 것이 있다. 바로 곁가지 라인이다. 곁가지 라인은 일부 승인 권한을 갖지만, 많은 경우 동의 권한만 갖는다. 동의 권한을 통해 업무 지원 등의 결정을 할 수 있다. 따라서 당신의 일을 그들이 동의해 주지 않으면 일을 추진하기 어렵고 문제가 터졌을 때 모든 책임을 져야 하니, 곁가지 라인도 반드시 설득해 일에 차질이 없도록 해야 한다.

일반적으로 당신의 업무에 대한 품의를 올릴 때 보고라인을 처음 거치게 된다. 승인이나 동의를 구해야 할 모든 부서와 사람들을 결재 라인에 빠짐없이 넣어야 한다.

결재는 직속상관 가운데 권한이 작은 사람부터 큰 사람 순서로 받으며, 소속 부서 외의 상관에게 결재를 받아야 할 경우 곁가지 라인을 거친다. 마지막으로 다시 임원급의 결재를 받는다. 물론 다른 부서의 보고라인에 높은 사람이 있을 경우 직속상관 라인과 비교해 직책에 따라 교차로 결재를 받아야 한다. 매우 복잡해 보이는데, 이전에 부서에서 올린 결재 품의를 살펴보면 쉽게 파악할 수 있다.

32

첫 단독 업무, 사내 전문가 파악

단독 업무는 진짜 단독으로 하는 것이 아니다

처음 단독 업무를 맡은 사람의 반응은 크게 두 가지다. 첫 번째는 업무를 굉장히 혁신적이고 창의적으로 해내겠다며 의욕과 열정을 불태우는 경우다. 이런 사람은 혼자만의 힘으로 뭔가 대단한 성과를 만들어 인정받고 싶어한다. 두 번째는 드디어 담당 업무가 생겼다는 기쁨도 잠시, 갑자기 막막해하며 겁을 먹는 경우다. 주변의 기대에 부응해 업무를 잘 처리해야 한다는 부담감에 쩔쩔매고, '단독' 업무인데 다른 사람에게 이것저것 물어봐도 되나 싶어 혼자서 끙끙 앓기만 한다.

두 경우 모두 업무를 혼자서 처리하려고 하기 때문에 벌어지는 문제다.

단독 업무라 해서 혼자 하라는 의미는 아니다. 혼자 하든 여러 명이 함께하든, 누군가에게 도움을 받든 상관없다. 다만,

당신의 주관과 책임하에 일을 완수하라는 의미다.

　단독 업무를 맡으면 가장 먼저 동일한 업무를 맡았던 전임자를 찾아야 한다. 완전히 새로운 일을 맡는 경우는 사실상 거의 없다고 봐도 무방하다. 누군가 하던 일을 통째로 혹은 부분을 맡아 진행하다 익숙해지면 다른 업무를 더 맡는 식이 일반적이다. 따라서 전임자에게 그동안 해 왔던 일과 현황, 주의할 점과 관련 자료를 인계받아야 한다. 만약 전임자가 없다면, 선임이나 주변 동료를 통해 참고할 만한 자료를 최대한 많이 모아 활용하면 된다.

　하지만 이것만으로는 부족한 경우도 있다. 해당 업무가 아직 자리를 잡기 전이라 자료가 많지 않거나, 기존에 회사에서 제대로 인정받지 못한 업무였을 경우 그렇다. 이런 상황이라면 먼저 담당 업무에 필요한 사항을 정리해 리스트업한다. 그리고 부서 선임이나 동료에게 도움을 청하거나, 여의치 않으면 타 부서 사람 혹은 회사 밖 사람에게 도움을 청한다. 팀장이나 선임 혹은 동료들과 상의해 도움받을 수 있는 사람을 추천받는 것도 좋다. 회사에는 분야별 직무별로 전문가들이 있다. 영업을 잘하는 사람, 협상을 잘하는 사람, 마케팅 커뮤니케이션을 잘하는 사람, 기획을 잘하는 사람 등. 그들이 당신을 굳이 도와줘야 할 이유는 없으니 도움을 청할 때는 정중하게 부탁해야 한다. 만약 사내에서 찾을 수 없다면, 지인을 통해 사외 전문가를 알아보거나 직장인 대상 교육, 모임, 독서 등을 통해 도움이 될 만한 지식을 얻는 것도 좋다.

　사내 전문가를 찾는 작은 팁을 하나 주면, 신입이든

경력직이든 입사하면 보통 교육이나 오리엔테이션을 받는데, 그때 업무별 혹은 부서별 사람들이 와서 교육을 한다. 대부분 회사에서 능력을 인정받은 이들이다. 교육이 끝나고 기억해 뒀다가, 교육을 받았던 누구라고 이야기하면서 자연스럽게 도움을 청하면 흔쾌히 들어줄 것이다.

33

첫 단독 업무,
직무 역량과 차별적 업무 수행

일을 잘하기 위해서는 직무 전문성보다 중요한 것이 있다

직장인에게 직무 전문성은 필수다. 일을 잘하기 위한 기본 역량 중 하나이기 때문이다. 하지만 직무 전문성이 회사나 사회에서 인정받는 결정적인 요소는 아니다.

직무 전문성이 높으면 당연히 좋다. 단, 이것에만 매달리면 정작 중요한 다른 역량을 키울 기회를 놓치거나, 현재 자신의 커리어에 자꾸 불만을 갖게 될 수 있다. 직장인에게 우선순위는 산업, 회사, 조직, 사람에 대한 지식과 경험이며, 특정 직무에 대한 전문성은 후순위다. 그런 지식과 경험을 쌓음으로써 직장인은 문제 해결 능력과 인사이트, 설득적 커뮤니케이션 역량을 키울 수 있다. 직장인의 궁극적 목적(회사에서 인재를 육성하는 목적도)은 경영자가 되는 것이다. 경영자가 될 생각이 없는 직장인은 가치를 갖기 힘들다. 즉, 사무직의 전문성은 문제 해결력이라 해도 과언이

아니다. 이런 시각에서 보면 일관성 없는 커리어나 회사 방침에 따라 여러 부서로 발령받아 일한 경험은 전문성을 키우는 데 방해가 되는 것이 아니라 다양한 조직과 사람과 정보를 접한 축복이라 할 수도 있다.

직장인이 직무에서 차별성을 갖는 지점은 '직무를 어떻게 수행하는가'이지 직무 지식이 아니다. 직장인의 업무는 직무 숙련도가 결과물의 수준을 결정짓지 않는다. 사무직 직장인의 성과물은 회사가 인정하거나 고객과 시장이 반응할 때 성공했다고 말할 수 있다. 어떤 형태로든 남보다 나은 결과를 뽑아 낼 수 있다면 그 자체로 능력자이니, 직무 전문성이 아닌 직무의 차별적 수행 방법에 대해 고민해야 한다.

언뜻 같은 말로 들릴 수도 있다. 예를 들어 직무 지식이 없는 낯선 업무를 맡게 되었다면, 지금까지 진행해 왔던 업무에서 겪은 방식과 경험을 활용하는 한편 문제를 세분화하는 등 다양한 프레임을 이용해 눈앞의 문제를 하나하나 해결할 수 있다. 그러니 부디 직무 지식만 생각하고 나에게 맞는 직무 분야를 선택하느라 고민하지 말자. 눈앞의 일을 남다르게 '수행'하고자 노력하는 것이 핵심이며, 직무 전문성을 높이는 길이다.

물론 요즘 이런저런 직장인 대상 교육을 보면 직무 전문가가 대접받는 것처럼 보일 수 있다. 하지만 생각해 보자. 그렇게 '전문가', '지식'이 중요하다면 회사 입장에서는 외부 전문가를 불러 단기간에 효율적으로 업무를 처리하면 된다. 왜 업무를 직원에게 맡기겠는가? 결국 회사의 상황과 맥락을 아는 사람이 '문제 해결력'을 갖추길 원하기 때문이다.

그렇다면 문제 해결력은 어떻게 쌓을 수 있을까? 직무 전문성은 해당 업무를 수행하다 보면 속도와 깊이의 차이는 있지만 자연스럽게 체득된다. 하지만 문제 해결력은 노력이 필요하다. 문제 해결력은 네 가지 요소로 이루어진다. 논리적 체계적 문제 분석, 합리적 창의적 대안 마련, 이해관계자 설득 커뮤니케이션, 합의된 대안의 끈질긴 실행이다. (65번 '첫 기획 업무, 창의적 문제 해결 역량' 항목 참고) 이 네 가지를 공부하고 실무에 적용해 보는 훈련을 통해 문제 해결 역량을 키울 수 있다. 문제 해결력의 일부분인 'logical thinking'을 검색해 보면 외부 강의도 있고, 유튜브나 SNS에서도 관련 자료를 찾아볼 수 있다. 추가로 바바라 민토의 «논리의 기술»이라는 책도 권한다. 혼자 공부해야 할 때 가이드가 되어 줄 것이다.

34

첫 단독 업무, 리서치 방법 노하우

어떤 업무를 담당하든 리서치 능력은 반드시 필요하다

리서치 능력은 모든 업무의 기본이다. 리서치는 마케팅 전략이나 기획 업무에서만 쓰는 특별한 방식이 아니다. 어떤 일을 하든 관련 자료를 찾고 분석하고 일에 적용하는 과정을 거치기 때문이다.

리서치, 즉 자료 조사는 단순히 인터넷을 검색하라는 말이 아니다. 온라인뿐 아니라 오프라인에서도 다양한 경로와 방법으로 필요한 정보를 수집해야 한다. 도서관에서 관련 도서를 찾아볼 수도 있고, 고객이나 이해관계자를 직접 만나 인터뷰할 수도 있다. 혹은 관련 분야 전문가를 만나 인사이트를 구할 수도 있다.

모든 리서치에 공통으로 적용되는 기본적인 체크리스트 세 가지를 정리해 보았다.

첫 번째, 리서치 목적을 명확하게 설정해야 한다.

벤치마킹을 위한 대상 선정, 매출 증대 방안 도출, 브랜드 인지도 제고, 고객 행동 양식 파악, 웹사이트 설계와 구축 등 모든 리서치에는 명확한 목적이 있어야 한다. 목적이 불분명하면 쓸데없는 정보까지 모으느라 엄청난 시간과 에너지를 낭비할 수 있다. 또한 그렇게 도출된 리서치 결과는 상황이나 의도에 따라 왜곡되어 이용될 위험성도 높고, 당연히 신뢰할 수도 없다.

두 번째, 리서치의 전체 프로세스를 제대로 인식하고 있어야 한다. 리서치의 정석 중 하나는 시장 조사로, 자료 수집에서 가장 일반적인 프로세스라 할 수 있다. 시장 조사 프로세스를 모두 수행하기는 현실적으로 힘들 수 있다. 그래서 종종 프로세스 일부나 조사 대상자 등을 축소하기도 한다. 하지만 비록 실무는 약식으로 진행할지라도 프로세스의 정석은 전체적으로 인식하고 있어야 한다. 그래야 필요에 따라 어떤 부분을 생략할지, 결과를 볼 때는 어떤 부분을 유의해야 할지 판단할 수 있다. 업무 효율을 위해 과정이나 자료 검색은 최소화했지만, 목적에 맞게 전체를 조사한 것과 가장 흡사한 결과를 내야 하기 때문이다.

세 번째, 리서치를 통해 가설이 검증되는지 확인한다. 리서치로 얻은 결과는 문제 해결을 위한 재료일 뿐 해결책 자체는 아니다. 당신이 알고자 하는 내용에 대한 단편적인 정보만 담고 있기 때문이다. 리서치 결과는 가설 검증에 활용될 때 비로소 유의미한 데이터가 된다. 가설을 세운 뒤 조사를 수행하고, 그 결과로 가설을 검증하는 과정을 반복해야 리서치를 통해 얻고자 하는 해답을 얻을 수 있다.

이 세 가지 체크리스트를 명심한다면 리서치를 어떻게 진행하든 엉뚱한 결론을 내는 일을 없을 것이다.

35

첫 단독 업무, 비즈니스 커뮤니케이션

비즈니스 커뮤니케이션은 비즈니스 세계의 언어다

당신이 한 일을 어떻게 전달하느냐에 따라 그 가치를 인정받을 수 있다. 제대로 못한 일도 좋은 평가를 받을 수 있다는 의미가 아니라 노력한 만큼, 성과가 나온 만큼 공정하게 평가받을 수 있다는 의미다. 그리고 일을 잘 수행하려면 많은 사람의 지원과 도움이 필요한데, 그것을 위해서도 직장인은 비즈니스 커뮤니케이션 능력을 갖춰야 한다.

비즈니스 커뮤니케이션의 목적은 커뮤니케이션을 통해 상황을 파악하고, 일을 진척시키고, 결과를 만들고, 제대로 평가받고, 그 과정에서 당신의 자존감과 유능감을 지키는 것이다.

보고나 회의에서 핵심은 정보 전달이다. 전달을 잘하려면 청자를 고려해야 한다. 우리말은 중요한 내용이 마지막에 나오는 미괄식이지만, 회사에서 정보를 전달할 때는 두괄식으로 해야 한다. 특히 "그래서 요지가 뭐지?"라는 질문이 나오거나 상대가 집중을 안 한다면 100퍼센트 말이 길다는 뜻이다. 그러니 결론부터 이야기하자.

그런데 결론부터 말하기가 쉽지 않다. 왜냐하면 미리 내용을 충분히 숙지하고 핵심을 정리해 한두 문장으로 요약한 뒤 머릿속에 넣어 둬야 하기 때문이다. 다행인 건 의식적으로 훈련을 계속하면 자연스럽게 일정 수준까지는 '내용 파악-핵심 정리-문장 요약'이 가능해진다는 점이다. 일반적으로 1~2년 정도 훈련하면 자연스럽게 두괄식 커뮤니케이션을 할 수 있다.

회사에서 가장 중요한 설득 대상은 상사일 것이다. 당신이 의견을 제시하지 않고 입 다물고 있으면 일에 의욕이 없네 혹은 상사를 무시하네 하며 안 좋은 표정을 짓다, 막상 의견을 얘기하면 그 정도 생각밖에 못하냐는 표정을 짓는다. 도대체 어떻게 하라는 것인가?

설득은 자신의 의견에 청자가 동의하고 지지하거나, 최소한 적극적으로 반대하지는 않도록 만드는 것이다. 설득은 단순히 말을 잘하거나, 상대와 공감하거나, 상대의 입장을 반영해 준다고 되는 것이 아니다. 설득의 핵심은 논의 주제에 대한 문제를 정의하고 가설을 세워 해결 방안을 찾는 것이다.

설득 과정은 다음과 같다. 논의 주제에서 해결해야 할 문제를 정의하고, 정의한 문제에 대한 해결 방안을 모두 열거해 본다. 그 가운데 현실적으로 혹은 내부 상황상 실행이 어려운 것을 없애고 문제 해결에 핵심이라고 생각되는 해결책만 남긴다. 그리고 남은 해결책을 자신의 생각에 따라 검토해 보고, 그중에서 가장 효과적일 것 같은 해결책을 당신의 가설로 제시해 상대의 동의를 얻거나, 아니면 최소한 해결해야 할 문제가 무엇인지에 대한 동의라도 받아낸다. 이것이 성공적인 설득 과정이다. 복잡하고 어렵게 느껴지겠지만, 익숙해지면 머릿속에서 불과 몇 초면 정리가 끝난다.

상대를 설득하려면 사전에 그 문제를 충분히 검토하고, 해결 방안의 여러 옵션을 생각하고, 각각의 결과를 예측해 보고, 어떤 해결책을 최우선으로 제시할지 정해야 한다. 이 과정을 끝내고 의견을 제시해야 상대를 설득할 수 있다. 충분히 숙고하지 않은 문제에 대해 의견을 내야 할 경우 어설픈 아이디어로 당장 대답하지 말고 생각할 시간을 구하자. 그리고 생각을 정리한 후 두괄식으로 일목요연하게 작성한 의견을 이메일 등으로 보내면 충분하다.

36

첫 단독 업무, 성과로 보여 주기

모든 업무의 결과는 결국 성과로만 말할 수 있다

단독 업무를 맡아 열심히 하고는 있는데, 내가 잘하고 있는 것인지 아닌지 잘 모르겠다. 팀장이나 선임에게 물어보면 잘한다고 말해 주기는 하지만 구체적으로 무엇을 잘한다는 것인지도 모르겠고. 그렇다 보니 시작할 때 넘치던 의욕과 설렘이 점차 사라지는 기분이다.

일의 결과는 바로 '성과'로 드러난다. 성과 측정과 평가는 보통 개인과 부서, 조직 단위로 진행된다. 성과 평가 지수는 KPI(Key Performance Index)라 불린다. 연말에 내년도 사업계획을 짜면서 1년 단위로 수립하며, 필요에 따라 수시로 변경하거나 추가한다. 회사가 나아갈 방향과 목표에 맞춰 조직별 개인별로 나뉘어 내려오며, 팀장과 상의해 조정한다. KPI에 대해서는 이 정도로만 이야기할 것이다. KPI보다 더 본질적이고 명확한 기준을 생각해 보자.

성과를 낸다는 것을 단순하게 정리하면, '할 일을 한다' 그리고 '될 일을 되게 한다'이다. 이 두 가지만 기억하면 된다. 단순하지만 어떻게 해야 일을 잘하고 성과를 낼 수 있는지 명확하게 알려 준다.

'할 일을 한다'는 것은 다음 네 가지를 해내는 것이다.

첫 번째, 할 일과 목표를 구분한다. 당신이 부여받은 과업과 조직의 목표를 파악하는 것이라 생각하면 된다.

두 번째, 할 일의 리스트를 만든다. 다만 할 일의 범위를 너무 좁게 설정하면 편한 일만 한다는 평을 받을 것이고, 당신 입장에서도 편하고 익숙한 업무를 반복하게 되므로 역량을 제대로 키울 수 없다. 그렇다고 범위를 너무 넓게 잡아 조직 목표와 직접 연관이 없는 일까지 하면 '바쁘기만 하고 큰 도움은 안 되는' 사람이 될 수 있다.

세 번째, 할 일의 우선순위를 정한다. 당장 급한 일이나 중요한 일이 있다면 우선 수습하면서 다른 일을 병행할 수 있어야 한다.

네 번째, 나의 리스트와 우선순위를 주변과 공유한다. 당신의 업무 현황을 정확하게 알려야 한다.

그럼 해야 할 일이 명확하지 않을 때 혹은 윗사람의 지시가 일관되지 않아 업무가 계속 바뀔 때는 어떻게 해야 할까? 이럴 때 필요한 것이 '될 일을 되게 한다'이다.

상황이 명확하지 않을 때 항상 염두에 둬야 하는 것이 '부서와 조직, 회사의 목표가 무엇인가?'다. 조직의 목표가 명료해지면 되어야 하는 일도 명료해진다. 많은 경우 할 일을 명확히 지시하거나 정해 주지 않으면 그냥 대충 욕먹지 않을 정도로만 일한다. '욕먹지 않는 것'을 목표로 눈치 보며 일하는 셈이다.

성과를 잘 내기 위해 필요한 심리적 특성은 통제감과 유능감이다. 통제감은 일을 하면서 '상황을 내가 통제하고 있다, 내가 운전대를 쥐고 있다'는 느낌을 갖는 것으로, 이것이 큰 동기부여가 될뿐더러 자기가 유능한 사람이라는 확신을 갖게 한다. 이 두 특성이 시간이 가면서 상승작용을 일으켜 실제로 유능한 사람이 되도록 만들어 준다.

신입이나 경력직으로 입사해 새로운 부서에 배치되어 할 일이 명확하지 않을 때는 그저 어떻게 되겠지 혹은 누군가가 지시해 주겠지 하는 수동적 태도로 일관하지 말고 지금 이 자리 이 조직에서 성취해야 할 목표를 살펴보고, 찾아보고, 물어보고, 생각해 보자. 그러면 당신이 할 일이 조금씩 드러난다. 그 과정이 반복되면 할 일도 하고 될 일도 되게 할 수 있다. 처음에는 단독 업무를 팀장 지시로 받겠지만, 시간이 흐르면 스스로 하나둘 단독 업무를 만들어 내면서 자기 자리와 회사에서의 존재감을 굳혀야 한다. 성과가 잘 나오고 담당 업무 범위도 넓어지면 당연히 능숙하게 일 잘하는 프로로 보일 것이다.

37 - 41

첫 보고,
프레젠테이션과
보고는 전문가처럼

혼자 일하는 프리랜서가 아닌 이상 비즈니스 세계에서 커뮤니케이션은 정말 중요하다. 부서 내에서의 보고나 프레젠테이션뿐 아니라 유관 부서와의 협업이나 다른 회사와의 협상에서도 커뮤니케이션이 일의 성패를 결정짓는다.

하지만 실제 비즈니스 현장에서 커뮤니케이션이 늘 잘 이루어지는 것은 아니다. 상대방의 말을 못 알아듣거나 서로 오해하는 경우도 다반사다. 여기에서는 커뮤니케이션 방법, 그중에서도 가장 일상적으로 사용되고 당신의 평가와도 직결되는 '보고'에 대해 살펴보자.

37

첫 보고, 보고 준비의 기본

보고는 형식과 시점이 핵심이다

각자 책임과 권한을 가진 사람이 모여 함께 일하는 회사라는 조직에서는 일의 진행 상황을 공유하거나 이슈를 논의하고 의사결정을 하기 위해 보고를 할 때가 많다. 모든 일은 보고로 시작해 보고로 끝난다고 해도 과언이 아닐 정도다. 직장인이 스트레스를 많이 받는 업무 중 하나도 보고다. 회의와 함께 시간을 가장 많이 할애하게 되는 업무이기 때문이다. 더구나 회의와 달리 보고는 보고라인의 상급자 혹은 일에 직접 영향을 주는 누군가를 설득해야 하는 일인 데다 다른 사람의 도움도 거의 받을 수 없어 그 결과에 대한 책임을 전적으로 자신이 져야 하는 경우가 많다.

　이렇게 부담스러운 보고를 잘하기 위해서는 보고 양식과 방법, 보고 시점을 체크해야 한다. 보고 양식은 다양하다. PPT나 엑셀, 워드는 물론 이메일이나 결재 품의를 위한 본문과 첨부 자료도 있다. 심지어 구두로만 보고하는 경우도 있는데, 사안이 단순하거나 굳이 자료가 필요 없을 때 그렇게 한다. 보고 방법에는 비대면 보고와 대면 보고가 있다. 사안이 중요할수록 주로 대면 보고를 한다. 물론 긴급하고 중요한 내용이라면 정식 보고를 올리기 전에 한두 번 정도 이메일 등으로 비대면 보고를 해서 미리 상사와 충분한 공감대를 형성해 놓아야 한다.

눈에 보이는 양식과 방법 이외에도 보고의 성패에 큰 영향을 끼치는 것이 바로 보고 시점이다. 일을 하다 보면 다른 사람의 의사결정이 필요한 경우가 있다. 그들은 보고라인의 상사일 수도 있고 유관 부서 사람일 수도 있다. 하지만 그들은 당신의 일을 당신만큼 중요하게 생각하지 않을 수 있다. 따라서 아무리 계획과 일정에 따라 업무를 진행하더라도 그들의 결정이 지연되어 일이 엉망이 될 수도 있다. 업무 계획을 세울 때 반드시 의사결정을 완료해야 하는 시점을 명확하게 정하고 결정을 받아야 할 업무와 부서, 담당자는 물론 결정에 소요되는 시간까지 고려해야 한다. 특히 보고 이후에 수정 사항이 생길 수도 있으므로 의사결정에 필요한 시간을 넉넉히 확보해 두는 것이 좋다.

보고 양식과 방법, 시점은 보고받는 사람에게 맞추는 것이 기본이다. 상대방에게 확인한 뒤 준비하되 만약 업무 계획과 맞지 않으면 협의해서 조정한다. 보고 시점과 의사결정 시점은 쉽게 정할 수 있는 부분이 아니기 때문에 경험이 쌓일 때까지는 팀장과 선임에게 의견을 구할 필요가 있다.

38

첫 보고, 퀄리티와 타이밍

보고를 준비할 때 무엇을 중시할지 결정해야 한다

본격적으로 이야기를 시작하기 전에 A 사원의 사례를 한번
살펴보자.

7월 22일 월요일

오후 3시. 팀장님이 내일 오후 4시까지 얼마 전 출시한
상품의 고객 반응을 정리해 보고하라는 지시를 내렸다.
현재 진행 중인 업무도 있고, 고객 VOC 자료를
취합하려면 시간도 많이 걸릴 텐데 걱정이다. 팀장님에게
말씀드렸더니 지금 하는 일은 일단 미루고, 필요한 자료는
직접 받아 주시겠다고 한다. 자료를 전달받아 내용 정리를
시작했다. 응? 생각보다 자료가 많고 조금 더 꼼꼼하게
정리해야 할 것 같다.

7월 23일 화요일

오전 10시. 절반 정도 정리했는데 팀장님이 자꾸 채근한다. 언제 끝나느냐, 도와줄 것이 있으면 이야기해라 등. 일단 내가 맡은 일이니 잘 마무리하고 싶어서 오후 4시까지 가능하다고 말씀드렸다.

오후 3시. 데드라인 1시간 전인데 이제 80퍼센트 정도 완성했다. 4시까진 도저히 무리이고, 5시까지는 끝낼 수 있을 것 같다. 혼날 수도 있겠지만, 완벽한 보고서를 올리는 게 업무 진행에도 도움이 되겠지.

오후 5시 15분. 보고서를 완성했다. 팀장님께 이메일을 보내고 구두 보고를 드리려고 보니 자리에 안 계신다.

오후 5시 40분. 팀장님이 사무실에 돌아오셨다. 보고를 드리려 하는데 나중에 볼 테니 그냥 하던 일을 하라고 한다. 왠지 느낌이 싸하다.

보고에서 가장 중요하고 본질적인 문제가 바로 보고 내용의 퀄리티가 우선인가, 아니면 보고 타이밍이 우선인가 하는 점이다.

업무를 완벽하고도 신속하게 처리하고 타이밍도 딱 맞게 보고를 진행하면 금상첨화일 것이다. 하지만 업무가 독방에서 문 걸어 잠그고 내 일만 처리하면 되는 게 아니잖은가. 각종 내부 회의와 외부 미팅과 여러 지원 업무까지 동시에 해야 하는 것이 직장인의 현실이다. 따라서 속도와 퀄리티를 동시에 충족하기는 어려우므로 둘 중에 우선순위를 정할 수밖에 없다.

이런 관점에서 본다면 A 사원의 사례는 우선순위를 잘못 정한 경우라고 할 수 있다. 속도와 타이밍에 방점을 둬야 하는 시점에 퀄리티를 우선시한 것이다. 아마 팀장은 A의 업무 진행 상황을 보면서 도저히 데드라인에 맞출 수 없겠다 판단해 다른 대안을 준비했을 것이다. 물론 보고서를 준비하면서 A는 개인적으로 이런저런 공부가 되었을 것이다. 하지만 회사는 성과를 내는 곳이지 공부하는 곳이 아니다. 보고 시점이 중요한 업무에서 데드라인을 넘긴 순간 A의 보고서는 가치를 잃어버린 것이다.

A와 같은 일을 겪고 싶지 않다면 반드시 퀄리티가 우선인지, 타이밍이 우선인지 미리 파악해야 한다. 전자라고 판단되면 팀장이 기대하는 퀄리티 수준을 분명하게 물어봐야 하고, 후자라면 보고에 반드시 들어가야 하는 요소를 확인해야 한다. 해당 업무의 맥락을 물어보면 훨씬 파악하기 쉬울 것이다.

참고로 동일한 내용의 일이라도 상황이나 보고 일정의 변경에 따라 퀄리티와 타이밍의 중요도가 바뀔 수도 있음을 염두에 두자.

39

첫 보고, 굿 뉴스와 배드 뉴스

누구나 나쁜 소식보다 좋은 소식을
먼저 이야기하고 싶어한다

누구나 일을 하다 보면 결과가 좋을 때도 있고 나쁠 때도 있다.
당신은 잘했지만 함께 일하는 다른 사람 때문에 혹은 전혀
예상치 못한 변수로 일이 어그러질 때가 있다. 반면 당신의
실수나 잘못으로 그렇게 될 수도 있고. 물론 같은 실수가
반복되면 안 되겠지만, 회사나 부서 전체를 휘청거리게 할
만큼 큰 실수가 아니라면 회사나 상사는 실수에 관대한
편이다.

　당신이 특정 상품의 영업을 책임지고 있다고 생각해 보자.
영업 매출을 올리기 위해 지난 몇 달 동안 영업 전략과 기획을
짜고 열심히 실행에 옮겼다. 월말에 마감하고 정리를 하다
보니 매출 목표를 달성했을 뿐 아니라 훌쩍 넘겨 회사에 큰
수익을 가져다 줄 것으로 예상되었다. 정리를 미처 다 마치지
않았지만 너무 기분이 좋아 팀장이나 선임에게 이 기쁜

소식을 먼저 말하고 싶을 것이다.

반대로 이런 경우를 상상해 보자. 수년간 문제없이 거래하던 유통업체에서 갑자기 수수료를 대폭 인상해 달라고 한다. 올려 주지 않으면 거래를 끊겠다면서. 업체의 매장에서는 이미 당신의 상품을 구석진 곳으로 옮기거나 아예 빼 버렸다. 아무리 설득해도 업체는 꿈쩍하지 않는다. 게다가 얼마 전에 경쟁사에서 비슷한 상품을 출시해 공격적으로 영업에 나섰고 심지어 가격도 더 싸다. 고객 반응도 나쁘지 않다는 소식이 여기저기서 들린다. 그동안 가만있다 왜 내가 맡고 나서 이러나 원망스럽기도 하고, 굳이 내가 실수한 것은 없지만 회사에서의 평가에 영향을 주진 않을까 걱정도 된다. 어떻게든 내 힘으로 조용히 해결하고 싶다.

나쁜 소식은 누구나 말하기 어렵다. 특히 회사에서 일과 관련된 경우라면 더더욱 그렇다. 단순히 일이 잘못된 것을 떠나 당신 자신이 무능하게 보일 수도 있고, 그것 때문에 실제로 평가가 나빠질 수도 있다. 하지만 기억하자. 좋은 소식보다 나쁜 소식을 먼저 전하는 것이 보고의 원칙이다. 시간이 지체될수록 사태가 점점 악화되기 때문이다.

앞에서 살펴본 사례에서도 혼자 끙끙거릴 시간에 선임이나 팀장에게 신속하게 알려야 한다. 물론 당신 혼자 해결할 수도 있다. 그렇다 해도 회사에 꼭 알려야 한다. 회사가 미시적으로는 이 사태를 해결하는 동시에 거시적으로는 이 기회에 거래선을 점검한다든가 동일한 사태를 예방할 논의를 시작할 수 있기 때문이다.

만약 두 사례가 동시에 벌어진다면 어떤 소식을 먼저 전할 것인가? 당연히 나쁜 소식을 먼저 이야기하고 뒤이어 좋은 소식을 전하는 게 좋다. 사람의 심리상 좋은 소식을 듣고 나쁜 소식을 들으면 나쁜 소식이 훨씬 더 안 좋게 들리기도 하고, 나쁜 소식일수록 빠르게 대처해야 하기 때문이다.

40

첫 보고, 보고 타이밍과 보고라인

언제 누구에게 어떤 순서로 보고하느냐가 중요하다

지금까지는 보고하는 사람의 입장에서 살펴봤다. 여기에서는 보고받는 사람의 입장과 심리적 상황을 살펴보겠다.

보고를 다른 말로 하면 '보고받는 사람의 기대감을 관리하는 것'이라고 할 수 있다. 보고받는 사람이 어떤 내용을 기대하는지, 언제쯤 보고받기를 원하는지 알고 그것을 충족시켜야 한다는 말이다. 그런데 '기대'라는 것은 객관적이지 않다. 업무와 맥락에 따라 이성적으로 판단하고자 하겠지만, 사람이기에 어쩔 수 없이 상황과 감정에 영향을 받는다.

중간보고는 '기대감 관리'라는 측면에서 매우 유용하다. 중간보고는 반드시 전체 일정의 반이 지나기 전에 이뤄져야 한다. 월요일에 받은 업무의 데드라인이 금요일이라면 수요일 오전에는 1차 보고서나 하다못해 목차라도 공유해야 한다.

중간보고는 대면 보고로 하는 것이 가장 좋다. 팀장에게 가서 이렇게 이야기하면 된다.

"지시하신 업무가 ○○한 방향으로 진행 중입니다. 목요일 오후까지 마칠 수 있을 것 같은데 괜찮을까요?" 혹은 "말씀하신 업무와 관련해 ○○와 ○○를 컨택해 진행 중입니다. 목요일쯤 피드백이 올 것 같고 정리하면 금요일 오전 중에는 보고드릴 수 있을 것 같습니다."

업무의 주제, 진행 방식, 업무 관련 인력과 세부 업무 배치, 데드라인 등을 중간보고에 간략하게 녹여 내는 것이다. 업무 중에 논의와 실제 상황이 다른 걸 발견한 경우에도 반드시 중간보고를 해야 한다.

기대감 관리와 더불어 보고받는 사람의 기분도 고려하면 센스 있는 보고를 할 수 있다. 상사가 급한 업무로 정신이 없거나 임원에게 한소리 듣고 와서 기분이 안 좋다면 그 타이밍은 피하자. 상사도 사람이니 신경이 예민할 때 보고서를 받아 들면 필요 이상으로 깐깐하고 비판적으로 검토하게 된다. 일정상 크게 문제가 되지 않는다면 저기압이 지나간 후에 보고하자. 참고로 점심시간 직후나 늦은 오후가 부드러운 분위기에서 보고할 수 있는 타이밍이다. 하지만 무조건 상사의 기분에 따라 눈치 보면서 보고하라는 말은 아니다. 보고받는 사람 입장에서 센스 있게 배려하자는 의미다.

보고라인의 누구에게 언제 보고하느냐도 중요한 문제다. 보통 의사결정 권한이 낮은 사람부터 높은 사람 순으로 진행한다. 직속 보고라인 이외에 협업 혹은 지원 부서에 보고할 때도 마찬가지다. 하지만 직속 보고라인이 최우선이라는 점, 그리고 부서의 의사결정 사항을 유관 부서나 외부와의 업무에 반영해야 한다는 점을 반드시 명심하자. 당신의 업무는 직속 보고라인이 추진하는 일의 일부로 그들이 책임을 지기 때문이다. 이런 맥락을 모르고 외부 사람에게 업무 지시를 받거나 내부에서 협의되지 않은 내용을 바탕으로 조직과 회사의 이익에 반하는 행동을 하면 업무의 목적을 달성하지 못할뿐더러 당신 또한 보호받을 수 없다. 아울러 직속 보고라인에서도 순서를 지키는 것이 중요하다. 먼저 직속상관의 의사결정을 받은 뒤 윗선으로 내용이 전달되어야 한다. 보고라인에서 누군가를 건너뛰고 의사결정을 받는 것은 곧 조직의 의사결정 체계를 무시한다는 의미다. 내용을 전달받지 못한 상사 또한 당신을 곱게 보지 않을 것이다.

41

첫 보고, 프레젠테이션하기

가장 화려하고 강력한 보고는 발표, 즉 프레젠테이션이다

팽팽한 긴장감이 흐르는 대형 회의실. 한가운데에 회장과 사장이 자리하고 그 주위로 임원이 직급 순서대로 앉아 있다. 가벼운 농담이 간간이 오가기는 하지만, 모든 사람이 각자 머리를 굴리면서 무엇을 얻고 무엇을 잃을지 계산기를 두드리는 듯하다. 이 분위기를 깨고 젊은 직원이 그들 앞에 선다. 신상품 기획과 마케팅 안을 발표하기 위해서다. 열정과 패기, 자신감이 넘친다. 그가 파워포인트를 열고 프레젠테이션을 시작한다. 그의 에너지가 회의실의 긴장감을 녹이고 사람들 마음에 꽂힌다. 그리고 회사의 미래를 뒤바꿀 기획안에 사람들이 탄복한다. 발표가 끝나자 회의실에 정적이 흐른다. 잠시 후 회장이 박수를 치자 이어서 모든 사람이 박수와 환호를 보낸다. 그는 무명의 직원에서 순식간에 회사의 미래가 된다.

당신이 직장 생활을 시작하면서 꿈꿨던 모습일지도 모르겠다. 드라마나 영화나 광고에 흔하게 나오는 장면이다. 상상은 자유다. 마음껏 상상하는 것은 좋은데 현실에서는 꿈꾸지 않는 게 좋다. 절대 일어날 리 없는 일이니. 회사에서 대부분의 일은 협업이나 지원을 통해 여러 사람이 함께하는 공동 작업으로 이루어지며, 그 과정에서 직속상관도 각자의 책임과 권한에 맞춰 자기 역할을 한다. 상상처럼 한 명의 능력이 많은 사람의 결합된 능력을 능가하기는 불가능에 가깝다.

　　직장 생활을 해 보면 알겠지만 생각보다 발표할 일이 많지 않다. 회의를 주관하거나 여러 사람 앞에서 의견을 내거나 보고를 하는 경우는 많지만, 당신의 업무나 프로젝트를 높은 사람들 앞에서 거창하고 화려하게 프레젠테이션하는 경우는 흔하지 않다.

　　그럼에도 프레젠테이션을 하게 되면 먼저 어떤 목적으로 어떤 내용을 주어진 시간 안에 전달해 무엇을 얻을지 스토리라인을 구상해야 한다. 보고와 마찬가지이지만, 보고보다 훨씬 많은 사람을 대상으로 시청각 자극을 활용해 당신의 의견을 전달해야 하기 때문에 더 많은 고민을 해야 한다. 참석자의 직책이나 발표 내용에 대한 사전 지식, 그들 간의 이해관계와 예상되는 그들의 입장과 행동까지 꼼꼼하게 파악하고 대비해야 한다. 그렇지 않으면 발표 후에 여기저기서 들어오는 공격에 너덜너덜해져 목표한 바를 이루기는커녕 다른 사람들의 먹이가 되어 남 좋은 일만 하게 될 수도 있다. 많은 참석자의 공감을 얻고 마음을 움직여 프로젝트가 성사될 수 있도록 탄탄한 스토리라인과 상황별 대응 시나리오, 예상 질의응답까지 빈틈없이 준비해야 한다.

　많은 사람 앞에서 이야기하는 게 서툰 편이라면, 발표 시간을 체크하면서 계속 연습하기를 권한다. 실제 발표 자리라 생각하고 수십 번 수백 번 모의 프레젠테이션을 해 봐야 한다. 그 정도로 연습하지 않으면 실제 발표 자리에선 머릿속이 하얘지면서 아무 생각도 나지 않는다. 동료에게 부탁해 발표 연습을 도와 달라고 하거나 발표하는 모습을 동영상으로 찍은 뒤 보면서 반복해 연습하는 것도 도움이 된다.

**42 -
49**

첫 외부 미팅,
회사 대표처럼

직장 생활을 하다 보면 다른 부서나 외부 파트너사와 미팅을 자주 하게 된다. 일정한 목적을 가지고 서로 의견을 조율한다는 점에서는 회의와 비슷하지만, 회의와 별개로 미팅에 관해 논의하는 이유가 있다. 회의를 다룬 장에서는 회의를 잘 운영하기 위한 '방법'에 초점을 맞췄지만, 여기에서는 미팅의 '목적' 자체를 중점으로 다룰 것이다. 또한 사내 타 부서보다는 외부 파트너사와의 미팅을 주로 살펴볼 것이다. 편의상 특별한 언급이 없으면 여기서 '미팅'은 외부 파트너사와의 미팅을 가리킨다.

회의와 미팅의 가장 큰 차이점은 뭘까? 참석자들이 당신을 인식하는 바가 다르다는 점이다. 회의에서는 일개 직원에 불과하다. 하지만 외부 미팅에서는 회사를 대표하는 사람이다.

42

첫 외부 미팅, 미팅 목적과 성과

모든 미팅에는 목적과 성과가 있어야 한다

점심 먹고 나른한 오후에 갑자기 이메일이 날아온다. 보낸 사람과 회사, 이메일 주소 모두 낯설다. 무슨 일인가 싶어 메일을 열었더니, 지인 소개로 연락처를 알게 되었는데 자기 회사와 우리 회사가 협업을 하면 좋을 것 같아 연락을 드린다는 내용이다. 당장 협업하진 않더라도 향후 서로 도울 일이 많아 보이니 먼저 가볍게 만나 보면 어떻겠냐고. 흠, 어떻게 해야 할까?

외부 미팅의 종류와 형태는 다양하다. 협업을 위해 관련 회사와 사람들이 회의실에 모여 사전에 준비해 온 내용을 공유하고 서로 할 일과 성과물을 논의하는 자리가 있는가 하면, 각자 이해관계를 따지면서 서로 더 많은 것을 가져가기 위해 긴장감 넘치는 협상을 진행하는 자리도 있다. 카페 같은 곳에서 가볍게 만나 특별한 주제 없이 이야기를 나누는 자리도 있고. 모두 제각각이지만, 아무리 가볍게 만나는 캐주얼 미팅이라도 모든 외부 미팅에는 목적이 있다. 당장은 아니더라도 결국에는 언젠가 함께 일할 기회를 찾거나 네트워킹을 만들려는 의도가 깔려 있는 것이다.

상품을 팔기 위해 유통업체와 만나든, 광고 집행을 위해 대행사를 만나든, 공동 프로젝트를 진행하기 위해 제휴사나 다른 부서를 만나든 간에 미팅의 목적이 명확하면 접근이 쉽다. 해당 목적을 달성하기 위해 꼼꼼히 준비해서 회사와 부서에 이득이 되는 결과를 내도록 노력하면 되기 때문이다. 모호한 것은 특별히 부담 갖지 말고 만나자는 캐주얼 미팅이다.

먼저 상대방의 회사, 직급, 직책을 파악하자. 미팅을 요청하는 사람이 자기소개를 하는 것은 당연하므로 그건 바로 알 수 있다. 가끔 모호하게 말하는 사람이 있는데, 그럴 때는 굳이 만나지 않아도 된다. 자기를 숨기는 사람에게 시간을 낼 만큼 한가하지 않기 때문이다. 회사와 직급 등을 듣고도 어떤 일 때문인지 파악되지 않는다면 스케줄을 확인한 뒤 회신하겠다고 말하고 일단 전화를 끊자. 문자나 메일, 메신저로 연락이 온 경우라도 이런 식으로 시간을 벌 수 있다. 그사이에 인터넷을 검색하거나 선임과 동료 등에게 의견을 구하고, 상대방이 바라는 부분, 당신이 상대방에게 기대하는 부분에 대해 생각을 정리해 미팅의 목적과 성과를 명확히 한다. 만약 당신이나 회사가 특별히 얻을 것이 없다 싶으면 거절하는 것이 좋다.

미팅을 하는 것이 좋겠다는 판단이 들면, 상대방이

불쾌해하지 않을 선에서 미팅의 목적과 성과에 대해 묻는다. 왜 만나자고 했는지 고민해 본 내용을 확인하는 것이다. 그렇게 서로 기대하는 바와 목적, 미팅 후 성과를 분명히 한 뒤 거기에 맞춰 준비한다. 단, 당신의 업무 범위와 권한을 넘어서거나 상대방의 직급과 직책이 당신과 차이가 크면, 거기에 적합한 다른 사람을 연결해 주는 것이 현명하다.

43

첫 외부 미팅, 미팅 전략의 중요성

미팅 준비의 절반은 어떤 전략을 수립하느냐다

미팅은 한마디로 전쟁이다. 단지 총과 칼 같은 무기만 없을 뿐, 한마디 한마디가 의미가 있고 의도가 숨어 있다. 미팅 관계자는 서로 이해관계가 얽혀 있는 상황에서 각자의 이익을 극대화하기 위해 싸운다. 그 결과 누구는 많은 것을 얻고 누구는 잃을 수 있다. 다만 전쟁과 다른 점은 상대방을 적으로 생각하고 무조건 이기려 드는 것이 아니라 각자 얻을 것을 얻고 잃을 것을 잃으면서 서로 이익이 되는 방향을 추구한다는 점이다.

　미팅을 준비할 때는 우선 미팅 상대를 파악해야 한다. 상대방의 직급과 직책에 맞춰 미팅을 갖는 것이 일반적이다. 예를 들어 상대방이 부장 직급에 팀장이면 부장급 팀장이 가는 것이 맞고, 임원급이면 임원급이 가는 것이 맞다. 대신 상대 회사가 소위 갑을 관계에서 을에 가깝다면 꼭 직급과 직책이 같을 필요는 없다. 해당 업무 담당자가 만나면 된다. 업무상 상하 관계라 동일 직급과 직책인 사람의 역할이 다르기 때문이다. 이는 당신이 을인 경우도 마찬가지다. 요즘은 수평적 조직 문화를 추구하는 회사가 많아 예전처럼 직급과 직책에 민감하지 않은 경우도 있다. 그럴 때는 해당 업무 담당자가 누구인지만 서로 확인하기도 한다. 상황에 따라 일부러 격에 안 맞는 사람을 내보내서 상대방을 동요하게 해 주도권을 잡는 경우도 있으니 주의하자.

　다음으로는 미팅의 목적을 살펴 전략을 짜야 한다. 만나고자 하는 이유를 분명히 알아내면 미팅에서 성공할 확률이 높아진다. 당신 회사와 상품이나 서비스 거래를 원하거나, 서로 가진 역량을 활용해 협업을 하고 싶어하거나, 당신이나 회사를 매개로 또 다른 미팅이나 기회를 가질 수 있는 네트워킹을 만들고자 하는 등 목적은 다양할 수 있다. 중요한 것은 왜 그런 목적으로 당신이나 회사를 만나고자 하는지 알아내거나 추정하는 것이다. 대부분 겉으로 드러나지 않은 상황이나 또 다른 계획이 있어 앞에 내세운 목적은 명분에 불과할 수 있기 때문이다. 예를 들어 상대방이 거래 목적으로 미팅을 요청해 만나기로 했는데, 그 회사는 매출 실적과 수익도 좋을 뿐 아니라 이미 당신의 회사보다 더 큰 기업들과 거래하고 있다. 그렇다면 단순히 거래를 위해 당신에게 미팅을 요청했을 리 없다. 수소문해서 알아보니 기존 거래 업체에 대한 의존도가 높아지면서 거래 조건이 점차 안 좋아졌다고 한다. 따라서 이 미팅에는 당신 회사와의 거래를 통해 그들을 견제하려는 의도가 숨어 있을 수 있다.

이런 내용을 알고 있다면 당신은 보다 유리한 조건으로 협상을 진행할 수 있을 것이다.

　　마지막은 미팅 이후의 성과가 무엇인지 분명히 하는 것이다. 당신이나 회사가 얻을 바를 명확히 하고, 만약 협상을 해야 한다면 무엇을 주고 무엇을 받을지 사전에 정리해 둬야 한다. 당신이 원하는 바를 100퍼센트 얻을 수 있는 미팅은 거의 없다. 상대방도 당신처럼 얻고자 하는 것이 분명하기 때문이다. 따라서 얻고자 하는 바를 리스트업하고 우선순위를 정한 뒤 주고받을 것을 고려해 미리 미팅 시나리오를 수립해야 한다. 이것은 회사나 부서의 이익과 직결되기 때문에 팀장이나 선임, 동료와 의견을 나누어 정리하는 것이 좋다. 최악의 경우 미팅이 원하는 대로 진행되지 않을 때 어느 단계에서 어떻게 끊을지도 미리 결정하고 가야 미팅 자리에서 당황하지 않는다.

44

첫 외부 미팅, 미팅 후 업무 분담

미팅이 끝나고 나서 진짜 일이 시작된다

미팅을 어떻게 하는가 못지않게 미팅 이후에 일을 어떻게 진행하는가도 중요하다. 팔로업(Follow-up)의 중요성은 특히 외부와의 협업이나 지원을 받는 것이 목적인 미팅에서 더욱 커진다. 미팅에서는 향후 협업의 방향과 기준만 대략 잡고, 상세한 사항은 이후 이어지는 미팅과 회의, 업무를 통해 정리되고 구체화되기 때문이다.

군이 이 내용을 별도로 설명하는 이유는 알면서도 놓치는 경우가 많기 때문이다. 첫 미팅에서 향후 방향과 기준, 조건에 대한 협의가 어느 정도 되면 갑자기 분위기가 느슨해진다. 이후 미팅이나 회의에서도 일의 진행은 지지부진하고 협업 결과물은 중간에 사라지거나 용두사미가 되는 경우가 많다. 이는 팔로업을 통해 업무 분담이 제대로 이루어지지 않았기 때문이다. 모든 미팅과 회의에서 서로 할 일을 정리하고 결과물을 확인하지만 문제가 보이지 않을 수 있다. 두 번째 미팅부터는 일을 진행하는 와중에 발생하는 문제를 논의하느라 전체 그림을 놓치는 경우가 많기 때문이다. 그로 인해 시간이 지나면 전혀 예상치 못한 결과가 나올 수도 있다. 따라서 타 회사나 부서와의 업무 분담은 현실적으로 미팅이 반복되면서 계속 변경된다고 생각해야 한다. 즉, 큰 틀에서 협의한 방향과 기준 안에서 대략적인 업무 분담이 이루어졌을 뿐으로, 실제 일이 시작되면 여러 가지 예상치 못한 상황에 따라 업무 분담의 내용도 바뀌어야 한다. 당신이 회사에서 맡은 업무는 비교적 명확하고 고정적이겠지만, 협업 과정에서 주어진 업무는 언제든 유동적으로 바뀔 수 있다는 사실을 명심해야 한다.

당신 회사와 A사, B사가 공동으로 마케팅 캠페인을 진행하기로 했다고 가정해 보자. 세부 상황은 이렇다.

당신 회사와 A사, B사는 모두 시장과 타깃이 같다. 하지만 제공하는 상품과 서비스는 다르다. 세 회사는 보유 고객 수에서도 큰 차이가 있다. 그중에서 당신 회사의 고객 수가 가장 적지만 지불 의사는 가장 높다. 이번 협업을 통해 세 회사는 자사의 서비스에 새로운 고객이 유입되리라 기대하고 있다. 첫 미팅은 성공적으로 끝났고, 이제 공동 마케팅 캠페인에 대한 기획과 실행 안을 만들어야 한다.

협업하기로 합의는 했지만 실제로 구체화하는 과정에서 현실적인 장벽에 부딪히게 된다. 예를 들면 '마케팅 기획과 실행 안은 어느 회사가 중심이 되어 작성해야 하는가' 같은 문제 말이다. 고객 수가 가장 많은 회사인가, 수는 적어도 지불 의사가 높은 고객을 보유한 회사인가? 아니면 캠페인 실행 노하우가 풍부한 회사인가?

　진행 과정에서도 여러 가지 문제가 발생한다. 미팅 때 합의를 했음에도 갑자기 소극적인 태도를 보이는 회사가 생긴다. 이럴 때는 목표를 다시 설정하고 그에 맞게 세부 사항에 대한 협의와 업무 분장을 해서 일이 진행되도록 만들어야 한다.

45

첫 외부 미팅, 명함 교환 예절

명함 교환은 서로에 대한 첫인상이자 인사다

이제 미팅에서 지켜야 할 비즈니스 매너에 대해 살펴보자. 그 첫 번째는 명함 교환에 관한 것이다.

미팅에서 처음 만난 상대와 가장 먼저 하는 것이 명함 교환이다. 명함을 교환하면서 자신을 소개하고 정식 인사를 하게 된다.

그렇다면 명함은 어떻게 교환해야 할까?

일단 직급이 낮은 사람이 높은 사람에게, 방문한 사람이 방문한 곳의 담당자에게 먼저 건네는 것이 일반적이다. 기준이 명확하지 않을 때는 명함을 먼저 준비한 사람이 먼저 건네도 무방하다. 그리고 소속과 이름을 바로 볼 수 있도록, 또 손이나 손가락으로 내용이 가려지지 않도록 건넨다. 건네면서 "○○회사 ○○○ 과장입니다" 식으로 명함에 적힌 내용을 이야기한다. 여러 명과 동시에 명함을 교환할 때는 여러 장을 한꺼번에 들고 하나씩 건네도 크게 실례가 되지 않는다.

명함을 주고받을 때는 상대방과 속도를 맞추는 게 좋다. 너무 일찍 꺼내 놓고 상대방에게 명함을 꺼내라고 압박하는 것은 실례다. 명함을 받았다면 명함에 적힌 이름과 직급 혹은 직책을 확인하는 것이 좋다. "○○회사 ○○○ 과장이시군요, 반갑습니다" 정도로 말이다. 명함에 어려운 한자가 있거나 영어로만 적혀 있는 경우 당황할 수 있는데, 그럴 때는 상대방에게 물어봐도 무방하다. 글자와 발음이 다른 경우가 많은 외국에서는 자주 있는 일이기 때문이다. 이름을 들은 후 다시 한번 복기해 이후 상대방 이름을 부를 때 실수하지 않도록 한다.

명함이 없는 경우에는 상대방에게 정중히 사과한다. 당황하지 말고 "죄송합니다만 지금 명함이 없는데 다른 데 적어 드려도 될까요?" 혹은 "오늘 사정이 있어서 못 가져왔는데, 다음에 뵐 때 드리겠습니다" 정도로 양해를 구하면 충분하다.

받은 명함을 명함 지갑이나 케이스에 바로 넣지 않는다. 미팅 중에 명함을 한동안 테이블 위에 두는 것이 매너다. 또한 상대가 여럿인 경우 혼동하지 않기 위해 상대의 위치에 따라 명함을 늘어놓아도 무방하다. 오히려 미팅에서 상대방을 잘못 부르는 것이 더욱 큰 실례이기 때문이다.

예전에는 명함집이나 명함 보관 케이스에 넣어 명함을 관리하는 경우가 많았는데, 명함 관리 앱이 일반화된 지금은 주로 앱이나 사무용 프로그램에 등록해 관리한다. 명함 이미지나 명함의 정보를 메신저나 카톡으로 교환하는 일도 많지만, 그렇더라도 미팅에서 만나면 다시 명함을 교환한다. 명함 교환은 단순한 정보 교환을 넘어서서 자기소개와 첫인사를 의미하기 때문이다.

46

첫 외부 미팅, 악수 매너

비즈니스 상황에서는 악수도 은근히 부담스럽다

외부 미팅에 참석할 때마다 난감한 일이 하나 있다. 물어보자니 기본도 모르는 사람 같고 눈치껏 하자니 잘되지 않는다. 바로 악수하는 타이밍과 방법이다. 상대가 먼저 손을 내밀면 얼떨결에 악수를 하지만, 그렇지 않을 때는 괜히 하자고 하기도, 그냥 모른 척 넘어가기도 애매하다.

먼저 언제 악수를 하는지 일반적인 경우부터 생각해 보자. 누군가를 만났을 때나 헤어질 때, 외부 사람이 방문했을 때나 공적인 자리에서 소개를 받았을 때 그리고 비즈니스 행사나 시상식 등이 끝난 후 축하할 때가 바로 악수를 할 타이밍이다. 미팅에서도 마찬가지다. 첫 미팅이라면 보통 명함을 교환한 뒤 바로 악수를 하는 경우가 많고, 미팅 결과가 좋으면 끝나고 헤어지면서 악수를 하는 경우도 있다. 자주 보는 사이라면 매번 악수를 하지 않지만, 오랜만에 만나는 비즈니스 파트너라면 인사와 악수를 함께 하는 게 보통이다.

일반적으로 나이나 직급이 높은 사람이 먼저 악수를 청한다. 연장자, 윗사람, 호스트, 여성 순서로 기억하면 좋다. 예를 들어 상사나 선배, 연장자가 먼저 악수를 건네고, 거래처 미팅에서는 고객사(갑을 관계에서 갑)가 먼저 손을 내민다. 상하가 명확하지 않은 경우에는 미팅을 주선한 호스트나 여성이 먼저 악수를 청하는 것이 일반적이다. 하지만 수평 문화가 많이 확산된 요즘은 호의를 표현하고자 하는 사람이 먼저 악수를 건네기도 한다. 악수가 필수는 아니고 일부러 악수를 피하거나 달가워하지 않는 사람도 있으니 당신이 윗사람이 아니라면 상대방에게 주도권을 넘기는 것이 편하고 실수할 여지도 줄일 수 있다.

악수는 똑바로 서서 상대방과 눈을 맞추며 한 손으로 하는 것이 기본이다. 정면으로 시선을 마주해야 상대방이 무시당했다는 생각을 하지 않는다. 하지만 우리나라 정서상 특히 윗사람과 악수하는 경우 그렇게 하기가 쉽지 않다. 그럴 때는 가볍게 고개를 숙이거나 왼손으로 악수하는 손을 살짝 받치면 된다. 물론 시선은 상대방을 향하되 부담스러울 정도로 응시하지는 않는 게 좋다.

마지막으로 악수하는 손아귀 강도도 중요하다. 보통은 손아귀 힘이 거의 느껴지지 않을 정도로 가볍게 잡고 살짝 흔든다. 너무 강하게 잡으면 상대방이 부담스럽거나 호전적으로 느끼게 되며, 너무 약하게 잡으면 악수하기 싫은데 억지로 청한 것이 아닌가 혹은 무시하는 게 아닐까 생각하게 된다. 종종 악수는 미팅 전후 기 싸움에 활용되기도 하는데, 그럴 때는 기선 제압을 위해 일부러 힘을 줘서 잡기도 한다. 이는 상황에 따라 전략적 판단하에 해야 한다.

47

첫 외부 미팅, 기브 앤드 테이크

협상이 미팅의 목표라면
서로 손해 보는 느낌이 안 들도록 해야 한다

미팅은 서로의 목적을 달성하기 위한 총성 없는 전쟁터다.
하지만 서로 윈윈(Win-Win)할 수 있다는 점에서 승자와
패자가 나뉘는 전쟁터와는 다르다. 서로 이겼다는 느낌을
줘야 성공한 협상이라 해도 과언이 아니다. 아니면 최소한
손해 보는 느낌이 들지 않도록 해야 향후 다른 건을 위해
다시 협상할 수 있는 기회가 생긴다. 협상에서 이겨 당신이
많은 것을 얻고 상대방이 많은 것을 잃었다면, 단기적으로는
이익일지 모르나 중장기적으로는 아닐 수도 있다.

만약 경쟁사가 당신에게 시장 확대를 위한 공동 전략
수립 미팅을 요청했다고 해 보자. 그런데 현재 당신 회사가
상대방보다 시장 점유율이 높다면 가볍게 미팅을 거절할
수 있다. 하지만 현재 시장이 작거나 향후 노력을 통해
시장을 확대할 수 있다면 혼자보다는 여럿이 함께하는 것이

효율적이다. 시장 크기가 10이라면 두 곳이 싸워 한 곳이 다 먹어 봤자 10이지만, 함께 시장을 키워 100을 만든 다음 나눠 먹으면 어쨌든 10 이상이다. 물론 이렇게 접근하는 경우는 거의 없고, 실제로는 시장 점유율에 목숨 걸고 상대방의 발목을 잡는 경우가 많다.

당신의 회사가 특정 부분에 대한 역량이 없거나 약하면 그 부분을 채워 줄 다른 회사와 함께해야 한다. 그게 바로 협상을 위한 미팅의 시작점이다. 물론 그들의 부족한 점이나 보완할 부분을 채워 줘 서로 윈윈할 수 있는지 '기브 앤드 테이크(Give and Take)'를 철저히 생각해야 한다.

더 쉬운 예로 생각해 보자. 당신은 유통업체 담당자이고 상대방은 상품 공급업체다. 당신은 더 싼 가격으로 물건을 매입해 이익을 극대화해야 하고, 상대방은 최대한 비싼 값에 넘겨야 한다. 각자 그 목적으로 협상 미팅에 참석하는 것은 맞다. 하지만 당신은 싸면서도 품질이 좋은 상품을 향후 거래에서도 합리적인 가격으로 공급받을 수 있는 선에서 매입 가격과 양을 결정해야 지속적으로 큰 이익을 낼 수 있다. 반대로 상대방 역시 당신의 이익을 충분히 확보해 줘야 장기적인 파트너십 구축으로 안정적인 유통 채널을 확보할 수 있다.

비즈니스에서 기브 앤드 테이크는 반드시 직접적인 금전이나 이익에만 국한되지 않는다는 점을 인지하면 미팅에서 유리하다. 상대방의 입장에서는 돈보다 명분 혹은 인지도나 이미지가 더 중요할 수 있다. 혹은 심리적 감정적 만족감이 우선시될 수도 있고. 이런 경우 돈이 아니라 그런 것을 제시해야 협상이 성공적으로 끝나며, 당신은 그 대신 돈을 벌게 된다. 상대방이 진정 원하는 것이 무엇인지에 집중하자.

48

첫 외부 미팅, 네트워킹과 인맥 구축

미팅은 사회적 네트워킹과 인맥 구축의 근간이다

미팅은 목적과 성과에 따라 이루어지지만, 사회생활에서 회사나 부서 밖의 사람들을 만날 수 있는 공식 통로가 되기도 하다. 당신이 원하든 원하지 않든 인맥과 네트워킹은 필요한 법이다.

인맥과 네트워킹의 힘은 강력하다. 신뢰감과 좋은 이미지로 잘 쌓아 놓으면 전혀 모르는 사람과 일하면서 발생하는 심리적 감정적 에너지 소모를 줄이고, 서로 잘 아는 사람과 훨씬 효과적으로 일하며 좋은 성과를 낼 수 있다. 또한 회사를 그만두고 다른 커리어를 찾을 때도 크고 작은 연결고리가 되는 동시에 평판 조회를 통해 당신이 원하는 일을 할 수 있게도 혹은 할 수 없게도 된다.

철저히 신뢰와 능력을 바탕으로 하는 비즈니스 인맥과 네트워킹에서 중요한 것은 상대방이 함께 일하는 과정에서 당신을 믿을 수 있고 일을 잘하는 사람이라고 느끼게 만드는 것이다. 결국 서로 필요할 때 업무적으로 믿고 의지하며 멋진 성과물을 내는 것이 목표이기 때문이다. 그러기 위해서는 평소 미팅과 업무에서 기브 앤드 테이크를 명확히 하는 것이 필요하다. 한두 번이야 당신이나 상대방이 희생해 서로 도울 수 있을지 몰라도 그 이상이 되면 누구도 계속 도와야 할 이유가 없기 때문이다. 관계는 상호작용이자 주고받는 것이다. 중장기적으로 서로 잃고 얻기를 반복하면서 서로에게 도움이 되어야 형성된다.

그렇기 때문에 미팅에서 만난 상대가 특별히 문제를 일으키거나 심각한 피해를 주지 않았다면 계속 만날 수 있는 여지를 남겨 두는 것이 좋다. 장기적인 파트너십을 위해서이기도 하지만, 당신의 인상이 상대방에게 남아 어디에 어떻게 영향을 미칠지 모르기 때문이다. 세상은 좁고 업계는 더욱더 좁아 직접적으로든 간접적으로든 다시 만나거나 상대방이 아는 사람과 만날 확률이 높다.

인맥과 네트워킹을 위해 너무 적극적으로 나서지는 않는 게 좋다. 인맥 구축에 에너지를 쏟느라 일할 시간과 노력이 부족해 성과를 못 내고 공과 사를 구분하지 못할 가능성도 있기 때문이다. 비즈니스 인맥과 네트워킹의 기반은 친밀성이 아니라 일을 통한 신뢰감임을 잊지 말자.

49

첫 외부 미팅, 비즈니스 회식 가이드

비즈니스 회식은 업무 미팅의 연속이다

많은 사람이 회식을 그저 식사하고 술 마시는 자리라고 착각한다. 하지만 사회생활에서 회식은 비즈니스가 목적으로 업무 미팅의 연속 혹은 업무 미팅이 형태만 바꿔 진행되는 것이다. 따라서 회식을 편안한 술자리로 생각하면 알게 모르게 피해를 보는 경우가 생긴다. 특별히 술자리에서 큰 실수를 하지 않더라도 사소한 일들이 당신 이미지에 안 좋은 영향을 미칠 수 있다. 비즈니스 회식은 업무가 결합된 미팅 이벤트라고 여겨야 한다.

업무 미팅이 여러 번 이루어지면 대부분 회식 이야기가 나온다. 혹은 중요한 미팅이 끝나면 회식으로 이어지는 경우가 많다. 미팅 멤버 간의 신뢰와 친목을 위해서일 수도 있고, 미팅에서 잘 풀리지 않은 문제를 회식을 통한 관계 형성으로 보다 부드럽게 풀기 위해서일 수도 있다. 그런 만큼 회식을 잘 운용해 그런 목적을 달성하는 것도 필요하다.

일단 메뉴 선정부터 시작한다. 미팅 참석자나 선임 혹은 직장 동료에게 일반적인 회식 메뉴나 대부분 사람들이 좋아할 만한 음식을 물어본다. 만약 미팅에서 특별히 주의를 기울여야 하는 대상이 있다면 그에게 맞추는 것도 좋다. 혹시라도 당신 회사나 상대방 회사의 임원급이 참석한다면 양쪽 비서실이나 선임 매니저에게 의견을 구하는 것도 방법이다. 회식 장소는 회사 근처나 미팅 장소 근처로 잡는다. 장소 예약은 회사 이름으로 하되 예약 책임자인 당신의 연락처를 남긴다. 메뉴와 장소를 정했다면 참석자에게 알린다. 이메일로 일시, 장소, 교통편 등을 공지하되 타 회사나 부서에는 그쪽 담당자에게 메일과 문자를 보내 공지해 달라고 부탁한다.

회식 당일에는 10분 먼저 예약 장소에 가서 자리나 기타 세팅을 살펴봐야 하는데, 특히 자리 배치는 민감한 문제가 될 수 있으니 반드시 확인해야 한다. 보통 문이나 통로 반대편 중앙이 상석이다. 단, 회식 참석자 중 가장 윗사람이나 연장자는 먼저 원하는 자리에 앉을 수 있도록 배려한다. 회식이 끝나면 마찬가지로 이런 사람들과 타 회사 사람들을 먼저 챙겨서 배웅하고 필요하면 택시 등 이동수단까지 잡아 준다.

비즈니스 회식은 회식을 통한 목적 달성에 집중한다. 식사만 하든 술도 마시든 간에 말이다. 단순히 보면 친목 도모를 통해 앞으로 일을 잘해 보자는 취지이겠지만, 어떻게 잘하자는 의미인지 파악하고 거기에 맞춰 행동해야 한다. 즉, 앞으로 어떻게 일을 해 나갈 것인지 참석자들과 가볍게 이야기를 나누라는 것이다. 그렇게 하다 보면 정식 미팅에서 나오기 힘든 이야기가 조금씩 나오기 시작한다. 잘 파악되지 않았던 전후 맥락이 드러나니 보다 수월하게 일을 할 수 있게 된다.

50 –
54

첫 외근,
사무실 밖에서도
안에 있는 것처럼

직장 생활을 하다 보면 사무실 밖으로 나갈 일도 많다. 회사 내 회의실이 모두 예약되어 카페에서 미팅을 해야 하거나, 고객사에 직접 방문해 회의를 해야 하거나, 발주를 넣은 공장에서 제때 상품이 나오지 않아 직접 공장을 찾아가야 하거나… 다양한 목적으로 밖에 나가게 된다. 얼마나 자리를 비워야 외근일까? 외근 나갈 때 지켜야 할 기준이 있을까? 여럿이 함께 외근을 나가게 되면 어떻게 해야 할까? 머릿속이 복잡하다. 차라리 사무실에 앉아 일하는 게 마음 편할 것 같다. 외근할 때 기억할 한 가지는 비록 몸은 밖에 있지만 사무실에 있는 것처럼 해야 한다는 점이다. 무슨 말인지 하나하나 살펴보자.

50

첫 외근, 출장과 외근의 차이점

출장과 외근 모두 회사 밖에서
일하는 것이지만 엄연히 다르다

직장 생활을 시작하면 평소 들어보지 못한 생소한 단어를
많이 듣게 된다. 회사마다 내부에서 통용되는 단어들이 있기
때문이다. 큰 회사는 대부분 회사 안에서만 쓰는 용어를
정리해 둔 별도의 단어집이 있으니 선임이나 동료에게 받아서
틈틈이 익혀 두면 도움이 된다. 만약 없다면 그런 용어가 나올
때마다 물어보고 정확한 의미를 파악해 둬야 일하다 낭패를
겪지 않는다. 그런데 그런 사내 용어 말고 일반적으로 쓰이는
단어는 물어보기가 애매하고 질문을 받아도 대답하기 힘든
경우가 많다. 그 대표적인 예가 탕비실일 것이다. 사회생활을
시작하면서 처음 들었는데, 무엇을 하는 곳이고 어디에 있는지
몰라 한참 헤맸던 경험이 떠오른다. 탕비실에는 '탕비실'이라고
써 놓지 않는 경우가 대부분이라 더욱 난감했다. 이처럼
익숙하지 않은 단어 중 하나가 바로 '외근'일 것이다. '출장'은

그래도 많이 들어 봤을 것이다. 하지만 외근은 상대적으로 낯설다. 일상생활에서 잘 쓰지 않는 말이기 때문이다.

외근의 정의부터 알아보자. 네이버 어학사전을 보면 '직장 밖에 나가서 근무함. 또는 그런 근무'라고 되어 있다. 출장은 '용무를 위하여 임시로 다른 곳으로 나감'이라고 나와 있고. '직장 밖'에 나가는 것과 '임시로 다른 곳'으로 나가는 게 무슨 차이가 있는지 헷갈린다. 직장에서 외근과 출장의 차이점은 매우 단순하다. 둘 다 업무를 위해 밖에 나가 다른 곳에서 일하는 것이지만, 출장은 멀리 가거나 하루 이상 자고 오는 것인 반면 외근은 비교적 가까운 곳으로 가고 숙박하지 않는 것이다. 또 외근은 다시 사무실로 들어오는 경우가 많고 출장은 그렇지 않은 경우가 많다. 물론 외근이 길어져 곧바로 퇴근하거나 이른 시간에 미팅이 잡혀 곧바로 외근지로 출근하는 경우도 있고, 출장 역시 마지막 날 일찍 끝나 사무실로 복귀하는 경우도 있다.

그런 까닭에 외근은 출장과 달리 사무실 밖에 있어도 안에 있는 것처럼 일하도록 암묵적으로 요구받는다. 출장은 먼 곳으로 오랫동안 나가 있는 것이기 때문에 출장지에서 어떤 일이 벌어지는지 파악하기 어렵고 사무실로 복귀하기도 쉽지 않아 바로 보고를 받을 거라 기대하지 않는다. 하지만 외근은 다르다. 잠시 동안만 사무실 밖에 있는 것이기 때문이다.

외근은 회사와 비교적 가까운 거리에서 일하는 것이라고 했는데, '비교적 가까운 거리'의 기준은 무엇일까. 한마디로 언제든 다시 사무실로 돌아올 수 있는 거리라고 할 수 있다. 서울 강남역에 있는 회사에 근무한다면, 그 근처를 포함해

서울과 수도권, 강남에서 가기 쉬운 경기 남부와 북부 일대 정도까지 외근이라고 볼 수 있다. 전국이 1일 생활권이라 부산이나 제주도도 당일로 다녀올 수 있지만, 물리적 심리적 거리상 경기도를 벗어나면 보통 출장이라고 생각한다.

참고로 1~2시간 정도 회사 근처에서 미팅을 하거나 일을 하는 경우 혹은 업무 목적으로 잠시 물품을 사러 나가는 경우는 외근이 아니다. 사무실에서 연락했을 때 곧바로 복귀해 일을 처리할 수 있기 때문에 군이 외근 보고를 할 필요도 없다. 선임이나 동료에게 어떠어떠한 일로 잠시 자리를 비울 테니 급한 일이 생기면 연락 달라는 말만 남기면 충분하다.

51

첫 외근, 이동 수단과 방법 결정

어떤 교통수단을 이용하느냐에 따라
외근이 출장이 될 수도 있다

외근 장소가 사무실 근처라 도보로 이동하는 경우에는 크게 문제될 게 없다. 다만 그런 경우 외근이라고 하기엔 모호한 경우가 더 많다. 따라서 외근을 나갈 때 어떻게 이동하는지도 숙제다.

이동 수단과 방법을 잘못 선택하면 외근이 출장으로 바뀌기 십상이다. 한국이 작은 나라라고 해도, 전국이 1일 생활권이라 해도 지역별 주요 도시를 제외하면 이동 시간이 한참 걸리는 곳이 많다. 따라서 외근 목적과 장소에 따라 적합한 이동 수단과 방법을 정하는 것이 중요하다.

보통 여러 명이 함께 외근을 나가는 경우 회사 차를 빌려 타고 가는 경우가 많다. 최대 4명까지 한 차로 움직일 수 있고, 대중교통보다 빨리 이동할 가능성이 높기 때문이다. 그리고 한번에 여러 곳을 방문해야 하는 경우에도 편리하다. 외근이 잡히면 바로 회사 차를 예약해야 하며, 만약 예약이 꽉 찼거나 회사 차가 없다면 외근 멤버 중 운전을 잘하는 사람이 자기 차를 가져와도 된다. 요즘은 공유 자동차 업체를 이용하는 경우도 많다. 대신 기름 값이나 톨게이트 비용 등 교통비를 어떻게 처리해야 하는지 사전에 미리 알아봐야 한다. 깜빡하고 영수증을 챙기지 않으면 개인 비용으로 지불해야 할 수도 있다. 교통비 처리는 차량으로 이동할 때뿐 아니라 대중교통을 이용할 때도 필요하니 반드시 숙지하자.

차량으로 이동하면 오히려 시간이 더 걸리는 시내 중심가나 대중교통이 잘되어 있어 이동에 불편이 없는 지역으로 외근을 간다면 대중교통을 이용한다. 가까운 거리는 버스나 전철이나 택시를, 먼 거리는 고속열차를 많이 이용한다. 고속열차가 생긴 이래 대전이나 천안, 세종시 정도도 외근이라 여기는 경우가 많아졌다. 물론 비행기로 외근을 갈 수도 있지만, 그 정도 거리라면 하루 안에 일정을 마친다 해도 대부분 출장이라 생각한다. 이동 시간은 짧지만 물리적 심리적 거리가 멀기 때문이다.

한번도 가 보지 않은 곳으로 외근을 갈 경우 선임이나 동료에게 물어보는 것이 좋다. 이미 그곳을 가 본 사람에게 얻는 정보가 내비게이션이나 교통정보 앱보다 더 정확하다. 아직까지는 이동 중에 생길 법한 변수를 사람이 더 잘 알기 때문이다. 추가로 팁을 하나 더 주면, 익숙하지 않은 곳으로 외근을 갈 때는 예정 시간보다 30분에서 1시간 일찍 출발해 만약에 생길 수 있는 변수에 대비하는 것이 좋다.

52

첫 외근, 시간과 장소 연결 노하우

외근과 출장은 시간과의 전쟁이다

외근과 출장 모두 여러 교통수단을 동시에 이용할 경우 계획을 보다 꼼꼼히 짜야 한다. 어떻게 계획하느냐에 따라 수십 분에서 수 시간이 왔다 갔다 한다. 최악의 경우 외근이 출장이 되기도 한다. 물론 외근으로 다녀오기에 일정이 너무 빡빡하거나 차량을 직접 운전해 이동하기에 너무 먼 거리라면 일부러 시간상 여유가 있는 출장으로 바꾸기도 한다. 회사 분위기나 외근 목적상 여유로운 일정이 더 좋은 성과를 내는 데 도움이 된다면 그렇게 하는 것이 좋다.

여기서는 외근과 출장에서 시간에 쫓기지 않고 최대한 변수가 생기지 않도록 하는 이동 노하우를 살펴보자. 여러 교통수단을 이용할 경우 시간과 장소를 어떻게 연결하느냐에 따라 시간을 효율적으로 사용할 수 있다. 대중교통을 이용할 때 주의할 점은, 특히 다른 지역으로 이동할 경우 미리 버스

배차 시간이나 열차 시간표를 확인하고 가능하면 예매를 해 놓아야 한다는 것이다. 지방 출장이 잦은 회사는 아예 고속열차나 장거리 버스와 제휴를 맺어 할인이나 예약 대행 서비스를 제공받기도 한다. 이런 경우 정해진 방식으로 이용해야 외근비나 출장비 처리를 해 주기도 하니 선임이나 동료에게 반드시 확인해 보는 것이 좋다.

　　외근을 나갈 때 사전에 시간표를 확인하지 않아 쓸데없는 시간을 소모하는 일이 자주 있다. 출발 시간과 도착 시간을 확인하고, 도착 시간에 맞춰 연결되는 이동 수단까지 고려해야 한다. 그렇지 않으면 고속열차로 시간에 맞춰 이동했는데, 역에서 미팅 장소로 가는 교통편이 지체되어 늦을 수도 있다. 이는 출장에서도 마찬가지다. 대부분 고속열차나 장거리 버스는 후속 교통편이 잘 연결되어 있지만, 그렇지 않은 지역도 있다. 그런 경우 택시를 이용하면 가장 편리한데, 교통 상황에 따라 시간이 더 지체될 수도 있고 택시비 지원이 안 되는 경우도 있으니 사전에 파악해 두어야 한다. 참고로 요즘에는 다양한 지도 앱이 있으니 앱이 안내하는 대로 하면 되지 않느냐고 물어볼 수 있는데, 앱은 그저 검색한 시점에서 최적 경로를 안내해 줄 뿐 앞으로 벌어질 상황까지 예측해 주지는 않는다. 따라서 지도 앱은 이동 경로를 검색하고 대략적으로 걸리는 시간 정도만 가늠하는 선에서 이용하는 것이 좋다. 출발 전에 불안하면 그 지역으로 외근이나 출장을 가 본 선임이나 동료 혹은 해당 지역에서 만나기로 한 사람에게 이동 경로를 추천받는 것도 좋다. 그들은 이미 경험이 있어서 지도 앱이 알려주지 못하는 꿀팁을 아는 경우가 많다. 특히 여러 명이 같이 가게 되면 길거리에서 시간을 버리는 최악의 상황이 오지 않도록 보다 철저히 준비하자.

53

첫 외근, 차량 탑승 매너

외근 시 차에 탈 때도 규칙이 있다

사원 A가 외근을 나갔을 때의 일이다. 클라이언트와
미팅을 마치고 함께 식사 자리로 이동하려던 참이었다. A는
미리 도착한 택시의 뒷문을 열어 드리며 "안쪽으로 먼저
타십시오"라고 공손하게 자리를 권했다. 클라이언트가 잠시
당혹스러워하긴 했지만, 말 그대로 '잠시'라 별로 신경 쓰지
않았다. 다음 날 기분 좋게 출근한 A. 하지만 B 대리가 A를
잠시 보자고 한다. 갑자기 무슨 일이지?

차를 탈 때도 비즈니스 매너가 있다. 회사 사람 혹은
외부 클라이언트나 파트너와 함께 이동할 경우 일반적으로
통용되는 규칙이 있다. 회의 자리처럼 이 역시 글로벌 매너다.
4인승 차량을 기준으로 살펴보자.

택시처럼 운전사가 따로 있는 경우에는 조수석 뒷자리가
상석이다. 이유는 간단하다. 타고 내리기 가장 편하기

때문이다. 그리고 높은 직급부터 운전석 뒤, 그다음 조수석에 앉는 것이 원칙이다. 연장자, 노약자, 클라이언트나 게스트를 높은 직급과 같이 대우한다. 사원 A의 경우 클라이언트에게 "제가 안쪽에 타겠습니다"라고 했어야 맞는 것이다.

회사 사람이 직접 운전하는 경우에는 운전자와 동승자의 직급에 따라 위치가 달라진다. 예를 들어 사원, 대리, 과장, 부장이 함께 탔다고 가정해 보자. 운전자가 사원이라면 마찬가지로 상석은 조수석 뒷자리이므로 부장이 앉는다. 운전석 뒷자리(즉 상석 바로 옆자리)에는 과장이, 조수석에는 대리가 자리 잡는다.

만약 과장이 운전한다면 역시 부장 자리는 조수석 뒷자리. 상석 옆에는 대리가 앉고, 조수석에는 사원이 앉는다. 하지만 조수석에 부장이 앉고 뒷자리에 대리와 사원이 앉는 경우도 있으니 분위기를 보고 맞추면 된다.

마지막으로 최상급자인 부장이 직접 운전한다면 그다음 직급인 과장이 조수석에 자리 잡는다.

생각보다 복잡해 머리가 아플 것이다. 한 가지 유용한 팁을 주겠다. 상대방에게 먼저 선택권을 줘라. 경우의 수가 많아 어디가 상석인지 헷갈리기도 하고, 클라이언트가 답답한 뒷자리를 싫어하거나 혹은 개인적으로 선호하는 자리가 있을 수 있다. 따라서 차에 오르기 전에 먼저 자리를 여쭤 보면 실수도 줄이고 배려한다는 인상을 줄 수 있다.

54

첫 외근, 외근 시 상황 공유

외근 출발 전, 중간, 종료 후 보고는 기본이다

출장과 마찬가지로 외근도 보고가 중요하다. 사무실에
없지만 있는 듯 밖에서 일하는 것이기 때문에 일이 어떻게
진행되는지 팀장이나 선임 등 보고라인이 파악하고 있어야
한다. 특히 외근이 우선순위가 높은 업무와 직접 연관된 일,
예를 들어 중요한 클라이언트와의 협상 미팅 같은 것이라면
진행 상황과 결과를 사무실에 있는 사람들이 궁금해할
수밖에 없다. 또한 출장과 외근은 업무의 연장이기 때문에
밖에서 벌어지는 일이라도 회사가 책임을 져야 한다. 만약
교통사고가 나거나 다치기라도 하면 그 책임은 회사에 있다.
따라서 업무뿐 아니라 외근 나간 멤버 모두에게 사고가
있는지 없는지 보고해야 한다.

외근할 때는 보통 세 번 보고를 한다. 외근 출발 전에 한
번, 외근 가서 중간에 한 번, 외근이 끝나고 사무실에 돌아와

한 번이다.

외근 출발 전, 팀장이나 선임 등 직속상관에게 어떤 목적으로 어디로 외근을 나가는지 보고한다. 만약 수시로 혹은 주기적으로 나가는 외근이라면 간단히 보고하거나 그냥 동료에게 알리고 가도 된다. 사무실에 있다면 외근 전에 직접 대면 보고를 하고, 만약 직속상관이 자리를 비웠다면 보고라인에서 그 아래인 선임 혹은 동료에게 알리고 가도 된다. 대신 이메일이나 메신저나 문자를 남겨 두는 것이 좋다. 외근이 확정되면 주간 업무회의에서 혹은 별도로 사전에 보고해 외근 당일 갑자기 사무실을 비우는 것처럼 보이지 않도록 하고, 갑자기 잡힌 외근일 경우 상세하게 보고하는 것이 좋다.

외근을 나가서는 중간보고를 해야 한다. 보고 시점은 미팅이 끝난 직후 또는 외근 업무가 완료된 직후이며, 그 결과에 대해 간략하게 주요 내용만 보고한다. 그리고 사무실로 복귀할지, 아니면 곧바로 퇴근할지도 함께 보고한다.

외근을 마치고 사무실로 복귀했으면 복귀하자마자, 집으로 퇴근했다면 다음 날 출근하자마자 외근 보고를 한다. 이때는 중간보고와 달리 상세한 내용까지 모두 보고해야 한다. 그리고 의사결정을 받아 그 결과를 자기 부서나 타 부서와 공유해 업무를 나눠야 한다면, 관련된 모든 사람에게 이메일을 보내 업무 협조를 구한다. 필요하다면 회의를 주관해 직접 내용을 공유하고 함께 논의할 수도 있다.

출장에서도 이와 마찬가지로 보고가 이루어지는데, 며칠 동안 출장을 갈 경우 일반적으로 하루에 한 번은 주요 내용에 대한 중간보고를 하는 것이 원칙이다.

55 -
59

첫 출장,
전 세계를 누비는
비즈니스맨처럼

직장 생활을 하다 보면 출장을 갈 일이 종종 있다. 빈도의 차이만 있을 뿐, 영업직이 아니더라도 출장 갈 일은 반드시 생긴다. 그중에서도 해외 출장에는 왠지 모를 로망이 있다. 깔끔한 슈트를 입고 세계를 누비며 글로벌 지사의 중요한 문제를 앞장서서 해결한다. 일이 끝난 후에는 파리, 런던, 뉴욕의 아름다운 풍경을 바라보며 휴식도 갖는다.

그런 경우도 없진 않지만 극히 일부에 불과하다. 현실에서는 출장 전부터 이런저런 준비를 해야 하고 출장지에서는 예상 못한 사건 사고가 터진다. 다녀와서는 보고서다 뭐다 업무에 쫓기기 일쑤다. 그러다 보면 차라리 사무실에 앉아 일하는 게 최고라는 생각이 든다.

어떻게 해야 출장을 빈틈없고 깔끔하게 다녀올 수 있을까? 국내 출장은 외근과 겹치는 부분이 많으니, 여기에서는 해외 출장을 중점적으로 살펴보겠다.

55

첫 출장, 사전 준비의 중요성

출장은 준비만 잘해도 90퍼센트는 성공이다

직장 생활에서 사전 계획 없이 할 수 있는 일은 아무것도 없다. 출장도 마찬가지다. 극단적으로 말하면 출장은 사전에 계획을 세우는 것이 90퍼센트라고도 할 수 있다. 얼마나 꼼꼼하고 현실적으로 계획을 수립하느냐에 따라 출장의 질과 결과가 달라진다. 국내 출장은 시차가 없기 때문에 즉각적인 의사결정이 필요하거나 사무실의 지원을 받아야 할 때 바로 연락이 가능하지만, 해외 출장은 그렇지 못한 경우가 많아 거의 모든 것을 미리 준비해야 한다. 또한 회사와 부서를 대표해 가는 것이라 중요한 사안 혹은 회사 내부의 신중한 결정이 필요한 사안을 제외하고는 대부분 출장에서 의사결정을 해야 하기 때문에 어떤 사안까지 현지에서 직접 결정해도 되는지 미리 직속 보고라인과 협의해야 한다.

대부분의 회사는 출장 가기 전에 출장계획서를

제출하도록 되어 있다. 시스템에 내용을 입력하는 곳도 있고, 출장계획서를 작성해 제출하거나 이메일로 보내는 곳도 있다. 그냥 직속 보고라인이나 팀장에게 구두 보고를 하는 곳도 있고. 회사마다 다르기 때문에 선임이나 동료에게 물어보는 것이 좋다. 또 시스템을 검색하거나 다른 사람이 쓴 출장계획서를 구해 참고하는 것도 도움이 된다. 보통 출장계획서는 다음과 같은 내용으로 작성한다.

1. 출장 배경과 목적
2. 출장자 및 해당 인원 선정 이유
3. 출장 일정과 일자·시간별 장소
4. 출장지별 업무 내용
5. (미팅이나 회의 시) 해당 회사와 부서, 담당자 정보
6. 출장 시 업무 진행을 위한 각종 자료(출장에서 이루어지는 미팅이나 회의 자료, 참고 자료, 교육 자료, 세미나나 전시회 참가 시 사전 조사 자료 등 출장 목적에 따라 다양하다. 한마디로 출장 업무 진행을 위해 필요한 모든 자료라고 생각하면 된다)
7. (필요시) 최종 출장보고서 초안
8. 출장 효과
9. 출장 비용

'이걸 다 쓸 수 있으면 출장을 갈 필요가 없지 않은가?'라고 느낄 수 있다. 그러다 보니 출장 결재를 받기가 힘들어 출장 가기 싫다는 말까지 나올 정도다.

하지만 출장이 무엇인가. 사전에 준비한 내용을 확인하고 수정 및 보완을 하기 위해 혹은 현지에서 직접 살펴보고 관계자와 협상하며 의사결정을 하기 위해 가는 게 아닌가. 이런 관점에서 본다면 꼼꼼한 출장 계획은 불가결한 일이다.

출장 계획이 완료되면 출장 품의를 올려 결재를 받아야 한다. 직속 보고라인은 물론이고 출장 목적 및 사안과 직간접으로 관련이 있는 부서나 담당자에게 결재 혹은 동의를 받아야 하는 경우도 있고, 단순히 출장 통보만 하는 경우도 있다. 동시에 타 부서의 도움이나 지원이 필요하면 출장 계획을 올리기 전에 그 부서와 사전 협의를 해야 한다. 그렇지 않으면 현지에서 아무런 지원을 받지 못해 허송세월을 보낼 수도 있다. 보통 출장에는 많은 예산이 소요되기 때문에 경영관리 부서 담당자에게 결재를 받아야 하는 경우가 많다. 여기서 결재가 안 나면 최악의 경우 개인 비용을 쓰거나 출장 후 사전 결재를 받지 못한 비용에 대한 소명 자료를 만드느라 고생하게 될지도 모른다.

마지막으로 기억할 것은 출장이 비용 대비해 회사에 얼마나 기여할지에 회사와 부서가 매우 민감하다는 점이다. 많은 비용이 들어가니 당연하다. 출장으로 회사가 무엇을 얻고 얼마나 많은 금전적 이익을 창출할지 미리 정리하는 것이 좋다. 회사나 부서에 따라 이것을 출장계획서에 포함시키는 경우도 있으니 참고하자.

56

첫 출장, 이동과 숙박

출장은 이동뿐 아니라 숙박도 중요하다

외근과 다르게 출장에서 이동과 함께 신경 써야 할 일이 바로 숙박이다. 국내 출장은 고속열차가 생긴 이후로 숙박할 일이 많이 줄었지만, 여러 곳을 돌거나 일정이 긴 경우 여전히 숙박이 필요하다. 또 해외 출장은 숙박이 필수다. 비행기 이동과 더불어 숙박에 대해 알아보자.

해외 출장에서 이동 계획의 핵심은 비행기다. 일단 다른 나라로 가려면 비행기를 이용해야 하기 때문이다. 항공 노선은 어느 나라나 비슷하다. 먼저 국가 수도나 대도시를 중심으로 노선이 가장 많이 연결된다. 우리나라의 경우 서울이 중심으로, 국제선 대부분이 서울로 연결되며 노선도 가장 많고 다양하다. 따라서 해외 출장을 갈 때는 우리나라에서 해당 국가로 이동하는 것과 해당 국가 내에서 이동하는 것을 나눠서 계획해야 큰 문제가 없다. 예를 들어 미국 동부에 있는 보스턴으로 출장을 간다면, 보스턴 직항이 있는지 알아보고 없다면 먼저 뉴욕으로 가서 다시 보스턴으로 가는 방법을 나눠서 계획한다.

국가 간 이동과 해당 국가 내 이동에 충분한 시간을 확보해 두지 않으면 출장 계획에 차질이 생길 수 있다. 특히 해외로 나가면 비행기가 지연되거나 취소되는 일도 자주 있으니 출장 스케줄 앞뒤로 시간을 여유 있게 분배하는 것이 좋다. 변수를 줄이는 가장 좋은 방법은 우리나라 국적기나 출장 국가 국적기를 이용하는 것이다. 또한 경유해야 할 경우 경유지 체류 시간, 터미널 이동 유무, 짐 수령 유무 등을 미리 확인해 두면 당황할 일이 없다. 경유지 체류 시간은 최소한 6시간 이상 확보해 두자. 그래야 비행기를 놓치는 참사를 막을 수 있다.

일단 출장 국가에 도착하면 미리 알아보고 계획해 둔 대로 국내 이동 편을 이용해 움직인다. 장거리라면 다시 비행기를 타거나 고속열차 등을 이용하고, 단거리라면 택시를 이용하는 게 좋다. 해당 국가로 출장을 가 본 적이 있는 선임이나 동료가 있다면 의견을 구하도록 하자. 그러면 해외에서 당할 수 있는 바가지요금을 피하거나 최적 동선으로 이동하는 노하우를 배울 수 있다.

해외 출장에서 숙박은 호텔에서 하는 것이 좋다. 최종 목적지와 이동이 편리한 호텔, 그중에서도 대형 혹은 글로벌 체인 호텔을 이용한다. 원래 호텔은 여행보다 비즈니스를 위해 만들어진 곳이다. 출장 온 사람이 일에만 집중할 수 있도록 최적의 환경을 제공하는 것이 최우선 목표다.

호텔에서는 음식 때문에 고생할 일도 거의 없다. 세탁 등의 서비스는 물론이고 시내 곳곳으로 이동하기도 용이하다. 다른 서비스도 호텔 카운터에 말하면 대부분 받을 수 있다.

해외 출장을 갈 때는 가능하면 돈이 많이 들더라도 국적기와 택시, 호텔을 이용하는 것이 좋다. 왜냐하면 출장비 몇 푼 아끼려다 일이 틀어지면 회사에 더 손해이기 때문이다. 오히려 돈으로 시간과 안전을 사는 것이 현명하다.

57

첫 출장, 변수에 대응하는 사전 준비

출장은 상황별 변수를 고려해 준비해야 한다

해외 출장을 가면 이동 동선에서 의외로 변수가 많이
발생한다. 매번 충분한 시간을 확보해야 한다고 이야기하는
이유다. 우리나라는 항공편 스케줄이 안정적인 편이다. 하지만
해외에 나가면 선진국, 개발도상국 할 것 없이 지연이나
결항이 잦다. 지연이 되어도 늘 있는 일이라 그런지 다른
나라 사람들은 대부분 평온하다. 촉박한 일정과 상황에 쫓겨
당황하는 사람은 나뿐이다. 자주 있는 일은 아니지만 항공편
예약 오류로 연결편이나 현지 국내선의 예약이 안 된 경우가
발생할 수 있다. 따라서 국가 간 이동 후에 국내 이동은 다음
날 하는 것이 안전하다. 출장 국가에 도착한 뒤 상황을 다시
확인해 문제가 생겼다면 조치할 수 있기 때문이다.

공항에서 짐을 찾지 못하는 경우도 종종 발생한다.
캐리어가 다른 비행기에 실린 것이다. 이런 경우 공항 내

담당자와 이용한 항공사에 신고해야 다시 짐을 받거나 보상을 받을 수 있다. 짐을 쌀 때 캐리어에 무엇이 있는지 미리 사진을 찍어 두면 보상받을 때 편리하니 참고하자. 짐을 잃어버린 것과 별개로 일은 일정대로 해야 하니 난감할 것이다. 그래서 출장 기간이 긴 경우가 아니라면 기내용 캐리어를 가지고 다니는 비즈니스맨이 많다. 거기에 슈트까지 입고 말이다. 이는 멋진 글로벌 비즈니스맨을 상징하는 이미지이기도 하지만, 짐을 잃어버렸을 경우에 대비하거나 찾는 데 시간을 소모하지 않으려는 것이기도 하다. 또 슈트가 구김이 잘 가서 짐으로 싸기에 불편하기 때문이기도 하고. 기내용 캐리어에 짐을 쌀 경우 사전에 국가별 기내 반입 물품을 반드시 확인해야 한다. 출장 국가에서 이동할 때 문제가 되어 시간을 소모하거나 해당 물건을 버려야 할 수도 있다.

기내용 캐리어만으로 부족하다면, 큰 짐은 수하물로 부치고 기내용 가방에 하루나 이틀 정도 입을 속옷과 양말, 와이셔츠 하나 정도를 챙겨 둔다. 그러면 짐이 사라져도 며칠은 버틸 수 있기 때문에 일하는 데 문제없다. 노트북이나 외장하드, 배터리 등은 가지고 타야 하니 따로 신경 쓸 필요 없다.

가장 흔하게 발생하는 몇몇 변수를 살펴봤는데, 이외에 다른 변수도 매우 많다. 일단 변수를 줄이는 노하우는 항공이나 숙박 등을 예약할 때 회사가 직접 계약한 출장 대행사를 거치는 것이다. 이미 수많은 출장을 처리했기 때문에 각종 변수에 대처해 사고가 터지지 않도록 미리 계획해 주며 대응책도 알려 준다. 또한 출장비도 훨씬 편리하게 처리할 수 있다.

58

첫 출장, 해외 출장 가이드

해외 출장은 디테일하게 준비해야 한다

직장 생활 초년생이 해외 출장을 갈 때 가장 흔하게 하는 착각이 해외여행처럼 생각하는 것이다. 지금까지 이야기한 내용을 떠올려 보면 이 둘이 확연히 다르다는 것을 알 수 있을 것이다. 여기에서는 놓치기 쉬운 출장 전 업무 관련 준비 사항을 살펴보겠다.

먼저 필요한 자료를 담은 외장하드의 보안을 해제하고 사외 반출 신고를 한다. 노트북 역시 사외 반출 신고를 하거나 출장용 공용 노트북을 신청한다. 사외에서도 사내 시스템을 쓸 수 있도록 사외 사용 허가를 받고 관련 프로그램을 미리 깔아 이상이 없는지 체크한다. 요즘은 출장비를 실비로 처리하는 게 기본이니 현지에서 사용할 법인카드를 미리 받거나, 개인 법인카드의 해외 사용 금액 제한을 출장계획서에 맞춰 미리 결재를 올려 조정해 놓는다. 사전 준비 사항에는 결재를 받아야 하거나 결재 후에도 시간이 필요한 일이 많다. 따라서 사안별로 시간이 얼마나 걸리는지 알아보고 역순으로 계산해 충분한 시간을 두고 미리 준비한다.

출장 국가와 목적, 기간에 따라 비자가 필요한 경우가 있다. 따라서 반드시 미리 확인하고 일정에 맞춰 비자를 신청해야 한다. 국가에 따라 초청장이 필요한 경우도 있고, 비자 발급에 시간이 많이 소요되는 국가도 있으니 최소한 며칠 전에 비자를 신청해야 하는지 필히 확인한다. 또 건강과 보건 차원에서 미리 황열병이나 말라리아 주사를 맞거나 약을 먹어야 하는 경우도 있고, 운전을 해야 한다면 국제면허증을 따로 발급받아야 하니 잊지 말고 챙기자.

출장 국가의 전압과 콘센트를 확인하는 것도 필수다. 여행용 멀티콘센트를 늘 가지고 다니면 좋다. 여기에 노하우를 하나 덧붙이자면, 해외 출장이 잦은 경우 멀티콘센트와 기내용 사이즈의 세면도구와 비상 상비약 등 필수로 챙겨야 하나 잊기 쉬운 물품을 미리 패키지로 만들어 놓으면 편리하다.

휴대폰은 한곳에 장기간 머무는 일정이 아니라면 로밍을 해서 쓰는 게 낫다. 출장지가 어디든 상관없이 언제든 연락할 수 있기 때문이다.

여러 명이 함께 해외 출장을 간다면 신경 써야 할 일이 더 많아질 수 있다. 이동과 숙박을 함께해야 하기 때문에 어떤 항공편으로 갈지, 일정을 어떻게 짤지, 어떤 곳에 숙박할지, 현지에서 어떤 교통편을 이용할지 등을 같이 결정해야 한다. 모든 일이 서로 불편하지 않게 진행되어야 한다는 점만 기억하자.

마지막으로 우리나라와 달리 신용카드가 안 되는 나라도 많다는 점을 잊지 말자. 그리고 신용카드를 쓰려면 해외에 그나마 가맹점이 많은 비자나 마스터 카드를 사용하자. 이는 법인카드나 개인 카드나 마찬가지다. 실비로 처리하기 편하게 가능하면 법인카드를 쓰고, 카드가 안 되는 곳에서만 현지 통화를 쓰는 게 좋다.

59

첫 출장, 출장 후 후속 조치

출장에서 돌아오면 챙겨야 할 것이 많다

해외 출장을 다녀오면 그야말로 며칠 동안 녹다운이 된다. 낯선 환경에서 내내 신경을 곤두세우고 있었을 뿐 아니라 빡빡한 일정과 시차에서 오는 피로에 성과에 대한 부담까지 더해져 마음 편할 순간이 없었다. 그냥 아무 생각 없이 며칠 푹 쉬고 싶지만 직장 생활은 그렇게 호락호락하지 않다. 출장을 마치고 회사로 돌아오면 할 일이 더 많다. 자리를 비운 사이에 잔뜩 쌓인 일도 처리해야 하고, 출장 보고도 준비해야 하며, 출장 후 제출할 것도 많다.

먼저 출장보고서를 쓰고, 팀장을 비롯한 직속 보고라인에 출장 결과 보고를 한다. 출장 중 이메일이나 유선으로 보고한 내용을 포함해 상세한 내용을 담아야 한다. 대면 보고로 할지, 이메일 보고로 할지 팀장에게 의견을 구해 진행하는 것이 좋다. 또한 출장계획서와 마찬가지로 출장보고서도 시스템에 입력하는 회사도 있다. 필요한 사람들이 출장 내용과 노하우를 함께 공유하기 위함이기도 하고, 출장에서 사용한 비용의 근거를 남기는 목적이기도 하다.

출장보고서는 보통 출장계획서보다 작성이 수월한 편이다. 상세하게 작성한 출장계획서의 내용을 비탕으로 그 계획대로 실행되었는지, 실제로는 어떠했는지, 결과는 어떠한지를 정리하는 게 출장보고서이기 때문이다. 따라서 출장계획서를 펼쳐 놓고 그 내용을 수정하거나 보완하면 된다. 계획 당시 생각했던 것은 무엇이고 실제 결과는 어떠한지 비교하면서 작성하면 놓치는 부분 없이 쉽게 작성할 수 있을 것이다.

출장을 다녀오면 그 결과에 따라 새로운 일이 잔뜩 생긴다. 보고라인의 의사결정을 받아야 할 사안을 먼저 정리해 보고하고, 거기에 따라 어떤 일정으로 어떻게 일을 진행할지 정한다. 또한 타 부서나 사외 이해관계자의 지원과 도움이 필요할 경우 어떻게 업무를 분배할지도 결정한다. 출장에서 협상이나 논의를 진행한 현지 업체와도 최종적으로 결정된 내용을 공유해 그들이 내부적으로 최종 의사결정을 할 수 있도록 한다. 그렇게 양쪽 모두 합의한 결과가 나오면 함께 업무를 진행한다.

업무 관련 이외에도 챙겨야 할 후속 조치가 많다. 가장 중요한 것은 출장비 처리다. 대부분 회사가 출장비를 실비로 처리하기 때문에 현지에서 현금을 사용했을 경우 반드시 영수증을 증빙 자료로 제출해야 한다. 개인용 법인카드를 주로 사용했을 때는 출장 전 늘렸던 한도가 원래대로 돌아왔는지도 점검한다. 해외에서 카드를 사용한 경우 실제 사용 내역에는 수 시간 혹은 며칠이 지난 뒤에 반영되기 때문에 문자나 메신저로 결재 알림을 받아 그때그때 실제 사용 내역과 비교해 보는 것도 필요하다.

60 –
63

첫 운영 업무,
빈틈없이 꼼꼼한
운영자처럼

신입으로 입사해 가장 먼저 맡게 되는 담당 업무는 운영 업무일 가능성이 크다. 취준생이나 막 입사한 신입사원에게 하고 싶은 일을 물으면 전략이나 기획 업무라고 답하는 경우가 많다. 회사에도 어느 정도 적응했고 스스로 능력도 있다고 생각하는데, 전략이나 기획 업무가 아니라 비슷한 일을 계속 반복하는 듯한 운영 업무를 맡으라고 하면 조금은 실망할지도 모른다.

하지만 운영 업무는 회사를 유지하고 성장시키는 가장 중요한 업무이자, 당신의 역량을 향상시키고 업무 전문성과 경쟁력을 키워 주는 핵심 업무다. 회사가 속한 산업군과 시장을 제대로 파악할 수 있는 업무이기도 하다. 그래서 많은 회사가 신입을 곧바로 전략이나 기획 업무에 배정하지 않고 운영 업무를 반드시 거치도록 하는 것이다.

60

첫 운영 업무, 운영 업무의 중요성

회사의 근본이자 업무의 기본은 운영 업무다

운영 업무의 중요성은 아무리 강조해도 지나치지 않다. 그렇다면 운영 업무란 무엇일까? 한마디로 동일하거나 비슷한 일이 주기적으로 반복되는 업무라 할 수 있다. 예를 들어 영업 업무는 크게 영업 기획과 영업으로 나눌 수 있다. 영업 기획은 영업 담당자나 영업팀의 활동을 취합해 분석하고, 사내 전략팀이나 마케팅팀과 협업해 시장과 고객, 산업 트렌드, 회사의 전략적 지향에 맞춰 영업 활동을 기획하고 영업팀이 실행하도록 하는 것이다. 반면에 영업은 팀이나 개인 단위로 담당한 상품이나 서비스를 지역이나 고객 기준으로 나뉜 담당 영역에 팔아 매출과 수익을 올리는 것이다. 두 업무 모두 새로운 아이디어와 전략적 사고가 필요하지만, 일반적으로 영업 기획은 기획 업무, 영업은 운영 업무로 분류한다. 영업 기획보다 영업이 동일하거나 비슷한 일이 반복되는 경향이 더 크기 때문이다.

또 다른 예로 IT 기획과 IT 관리 업무를 들 수 있다. 전자는 회사에 신규 IT 솔루션이나 기술을 도입해 업무 효율성을 높이고 비용 절감을 통해 수익성을 개선하는 업무를 한다면, 후자는 회사에서 이미 사용하는 각종 IT 솔루션이나 시스템이 잘 운용되도록 관리하는 업무를 한다고 할 수 있다. 이 역시 주기적으로 비슷한 일이 반복된다는 점에서 IT 관리 업무를 운영 업무라 할 수 있다.

보통 기획이 운영보다 상위라고 생각하는 경우가 많은데, 그것은 잘못된 생각이다. 운영 업무 담당자(팀)가 기획팀에 주기적으로 결과나 상황을 보고해야 하기 때문에 생긴 오해다. 하지만 기획과 운영은 상하 관계가 아니라 그저 서로 다른 업무 분야일 뿐이다.

운영 업무는 기획 업무처럼 보고서가 아니라 실제 성과로 보여 주는 업무가 대부분이다. 영업처럼 시장과 고객을 직접 접하면서 상품과 서비스를 팔아 수익을 창출하거나, IT 관리처럼 업무를 지원하면서 효율성을 높이고 회사의 비용을 줄이기도 한다. 운영 업무는 회사를 유지하고 성장시키는 발판을 만들어 낸다. 회사는 근간을 이루는 운영 업무 없이 존재할 수 없다.

앞으로 자세히 다루겠지만 개인적 측면에서도 운영 업무 경험은 필수다. 운영 업무를 경험하지 않고서는 시장과 고객, 산업에 대해 잘 안다고 말하기 어렵다. 대부분의 회사는 시장과 고객, 산업에 대한 경험과 거기서 얻는 인사이트를 필요로 하기 때문에 현장 경험을 중요시한다. 더구나 전략이나 기획 업무 부서에도 현장 경험이 있는 사원이 필요하기 때문에 신입보다는 타 부서 직원이나 경력직을 선호한다. 따라서 당신의 커리어 관리와 성장을 위해서도 운영 업무는 필수다.

회사에서는 주기적으로 반복되는 일을 통해 업무에 적응하기 용이하기 때문에 신입이나 해당 업무 경험이 없는 직원에게 운영 업무를 맡기는 것이기도 하다.

61

첫 운영 업무, 운영 업무의 성과 기준

운영 업무는 성과 평가 기준이 비교적 명확하다

전략이나 기획 업무는 일을 잘했는지 못했는지 판단하기가
쉽지 않다. 물론 중장기적으로 전략과 기획이 얼마나
현실화되었고 회사에 영향을 미쳤는지 살펴보면 되지만,
대개 1년 단위로 평가가 이루어지기 때문에 결과가 오랜
시간에 걸쳐 확인되는 일은 파악이 어렵다. 반면에 운영
업무는 성과를 파악하기가 용이한 편이다. 그 특성상 성과가
하루, 일주일, 한 달, 분기, 반년, 1년 단위 등으로 나타나기
때문이다. 따라서 1년 단위로 진행되는 업무 평가에서 명확한
성과를 보여 줄 수 있다.

운영 업무의 성공 기준은 한마디로 아무 일도 일어나지
않게 하는 것이다. 운영 업무의 특성상 사고나 문제가 터지지
않는 한 회사에서 주목받을 일은 없다. 사내에서 시스템
이용에 불편함이 없고, 회사의 제품과 서비스에 대해 시장과

고객의 불만 사항이 없다면 제대로 운영되는 것이다. 물론 이를 위해 운영 업무 팀이나 담당자는 '호수 위에 우아하게 떠 있는 백조'처럼 물 밑에서 무수히 발을 움직이겠지만 말이다.

운영 업무를 맡으면 가장 먼저 할 일은 업무에 요구되는 구체적인 일과 기대치를 파악하는 것이다. 그 업무를 맡았던 선임과 팀장과 논의해 관련된 성과 평가 지표를 확인해야 한다. 그래야 해야 할 일의 방향을 명확히 잡을 수 있다. 그리고 그렇게 논의한 내용을 포함해 최대한 구체적으로 업무 리스트를 작성한다. 처음부터 완벽한 리스트를 만들려고 할 필요도 없고 그럴 수도 없다. 아무리 상세하게 작성해도 빼먹는 부분이 생길 수밖에 없으니, 실제 일을 해 나가면서 보완하자는 마음으로 접근하는 것이 좋다. 특히 운영 업무는 특성상 현장에서 부딪히게 되는 변수가 많다. 그래서 경험과 경력이 많은 사람을 전문가로 인정해 주는데, 예상치 못한 사건 사고에 얼마나 잘 대처해 빠르게 수습하느냐가 중요하기 때문이다.

당신이 업무를 담당하고 있는 한 절대 사고가 터지지 않고, 터지더라도 현명하게 잘 수습하는 믿을 만한 운영자라고 평가받는 게 중요하다. 여기에 운영 업무를 이전보다 효율적으로 개선하면 더 높은 평가를 얻을 수 있다.

62

첫 운영 업무, 운영 업무와 기획 업무

일의 기본기를 다지고 현실감각을 익히기 위해
운영 업무는 필수다

이제 직장과 사회 생활에서의 커리어 관리와 회사에서
인정받기 위한 기본 단계로서 운영 업무를 통해 당신이
가져야 할 역량에 대해 이야기해 보자.

직장인은 모두 운영 업무와 기획 업무를 동시에 행한다.
기획 업무로 분류되는 일을 하는 사람도 운영 업무를
아예 하지 않는 것은 아니다. 예를 들어 전략이나 기획팀
소속이라도 주기적으로 보고서를 작성해야 하고 주간이나
월간 업무회의 등을 준비하고 주관해야 한다. 경중만 다를 뿐
모두가 운영 업무를 수행한다.

보통 직급과 연차가 올라갈수록 소속 부서나 팀과
상관없이 기획 업무의 비중이 늘어난다. 물론 업무의 전문성만
계속 강화하면서 전문가로 자리 잡을 수도 있지만, 일반
기업에서는 전문가보다는 향후 회사 내 관련 업무 모두에

능통하고 의사결정을 할 수 있는 경영자로 성장하기를 바란다. 전문가로 가느냐, 경영자로 가느냐에 따라 장단점이 존재한다. 당신이 어떤 포지션을 갖고 싶은지, 어떤 커리어패스를 밟을지 결정하는 것은 온전히 당신의 몫이다.

만약 당신이 담당 업무의 마스터가 아니라 임원 또는 경영자가 되고 싶다면, 운영 업무를 기획 업무를 잘하기 위한 바탕으로 활용할 수 있다. 운영 업무가 단단해야 기획 업무도 잘해낼 수 있기 때문이다.

운영 업무를 통해 일의 기본기를 다지는 동시에 사업을 바라보는 현실적 시각을 가질 수 있다. 운영 업무를 담당하면 기획 업무에서보다 사내 혹은 사외 고객을 더 자주 접할 수 있다. 시장과 고객, 한마디로 현장을 직접 체험하면서 배울 수 있는 기회가 많다. 당신이 생각했던 바가 실제 현장에서 어떻게 이루어지는지 경험할 수 있고, 어느 순간부터는 당신의 생각을 현장에서 구현할 수 있는 역량이 쌓이게 된다. 또한 주기적으로 비슷한 일이 반복되기 때문에 시간이 지남에 따라 점차 일을 능숙하게 해내게 되고, 이를 바탕으로 작게 변화를 주거나 새로운 방식을 적용해 보면서 차분하게 역량을 개발할 수 있다. 곧바로 기획 업무에 투입된다면 이런 과정을 거칠 수 없다.

또한 이론과 실제, 기획과 현실이 얼마나 다른지 직접 체험할 수 있기 때문에 기획과 운영 사이에서 균형점을 찾을 수 있는 능력도 갖게 된다. 이를 통해 회사에 실질적인 이익을 주는 기획 업무를 해낼 수 있는 사람이 될 수 있다.

63

첫 운영 업무, 개선점 찾기

운영 업무는 기존에 하던 대로만 하면 인정받지 못한다

운영 업무의 장점만 이야기했는데, 단점은 무엇일까?

맡은 업무를 계속하면서 '회사에 있는 듯 없는 듯 존재감을 드러내지 않고 가늘고 길게 가겠다'는 신조를 가진 사람은 그저 남들이 하는 대로 혹은 예전에 해 왔던 대로 운영 업무를 하고자 한다. 운영 업무의 핵심은 최대한 사고가 터지지 않게 하고 터져도 잘 수습해 뒤탈이 없도록 하는 것이 맞다. 하지만 딱 이만큼만 하면 평가도 중간 이상 받기 어렵고, 성장해서 임원이나 경영자의 길을 가는 데도 한계가 명확하다.

운영 업무를 통해 회사에서 인정받기란 대부분의 경우 기획 업무보다 어려운 것이 사실이다. 운영 업무는 당연히 해야 할 일을 하는 것이라는 생각이 강하고, 또 큰 기업이나 오래된 기업은 그동안 쌓아 놓은 운영 업무의 노하우와 역량이 적지 않아 그 안에서 새로운 방식으로 목표를 초과 달성하기는 쉽지 않다. 바꿔 말하면, 평균 점수를 받기는 유리하나 눈에 띄는 점수를 받기는 어렵다는 것이다. 반면에 지속적으로 새로운 일에 도전해야 하는 전략·기획 업무나 마케팅 혹은 특수한 목적으로 구성된 TFT(Task Force Team)는 좋은 평가를 받을 수도 있지만 아주 낮은 평가를 받을 수도 있어 편차가 크다.

그렇다면 어떻게 운영 업무로 좋은 평가를 받고 당신의 존재감을 드러내면서 인정도 받을 수 있을까? 가장 강력한 방법은 당신의 업무를 효율적으로 개선하는 것이다. 즉, 기존 업무를 더욱 효율적으로 해서 비용을 절감하거나 서비스를 한 단계 업그레이드하는 것이다. 운영 업무라고 계속 현상 유지만 해야 하는 것은 아니다. 새로운 관점과 변화하는 트렌드에 맞춰 시장과 사내외 고객의 니즈를 반영해 동일한 만족도의 서비스를 제공하면서 비용을 절감할 수 있는 방법 혹은 비용은 그대로이나 중장기적으로 만족을 증대하는 서비스를 제공할 수 있는 방법 등을 찾을 수도 있다. 한마디로 당연하게 생각하는 업무를 어떻게 개선할지 고민하고 방법을 찾아야 한다는 것이다. 그 시작점은 사내외 고객의 목소리다. 그들의 이야기를 듣다 보면 보이지 않던 비효율적인 부분과 개선 요소가 드러날 것이다.

64 –
67

첫 기획 업무,
전략적이고 유능한
기획자처럼

전략 기획, 경영 기획, 서비스 기획 등 '기획'이라는 말이 붙으면 왠지 멋있어 보인다. 뭔가 중대하고 창의적인 업무를 하는 것 같은 생각도 든다. 신입사원 면접에서도 대부분 전략이나 기획 일을 하고 싶다고 당차게 말하는 것을 보면 일종의 판타지도 있는 것 같다.

   하지만 기획은 겉으로 보이는 이미지처럼 화려하고 멋진 일이 아니다. 더구나 연차나 경험이 쌓여야 제대로 할 수 있는 일이기도 하다. 여기에서는 처음 기획 업무를 맡았을 때 어떻게 해야 하는지 포괄적으로 살펴보겠다.

64

첫 기획 업무, 기획 업무의 정의

기획은 현실성과 구체성이 없으면 예쁜 쓰레기일 뿐이다

먼저 기획의 정의부터 알아보자. 네이버 지식백과를 보면 '어떤 대상에 대해 그 대상의 변화를 가져올 목적을 확인하고, 그 목적을 성취하는 데에 가장 적합한 행동을 설계하는 것을 의미한다'고 나와 있다. 여기서 주목할 단어는 '목적'과 '행동'이다. 즉, 업무의 목적이 무엇인지, 이를 실제로 어떻게 실현해야 하는지 설계해 실행할 수 있도록 만드는 것이다.

그런데 기획 업무를 처음 맡은 사람의 기획서를 보면 기획이 그저 추상적으로 콘셉트와 방향성을 보여 주는 수준에 머무는 경우가 많다. 회사에서 말하는 기획은 이를 바탕으로 실제 사업이나 상품, 서비스를 현실화해 궁극적으로 이익을 낼 수 있도록 하는 청사진이라 할 수 있는데, 그러자면 현실성과 구체성이 필요하다.

아이디어를 보고서로 옮기는 것으로 기획은 끝났고, 이제 제품 개발에 들어가면 될 거라고 생각할 수 있다. 하지만 기획 단계에서 기본을 단단하게 다져 놓지 않으면 유관 부서에 민폐를 끼치는 것은 물론 당신의 평판과 커리어에도 악영향을 주게 된다. 기획안을 실행하기 위해서는 다양한 내부 실무 부서와 관련 외부 사람들과도 협업해야 하기 때문이다.

IT 개발과 영업, 운영을 목적으로 한 기획을 예로 들어 보자. 블록체인, AI 등 최근의 핫한 키워드가 가득 적힌 '예쁜' 기획서를 가지고 개발자에게 업무를 의뢰한다고 해 보자. 개발자 입장에서는 황당 그 자체다. 서비스에 대한 명확한 정의는 물론 소요되는 리소스와 기간까지 구체적으로 기재되어 있다고 해도 개발은 쉽지 않다. 하물며 부실한 사업 모델과 서비스 콘셉트에 머무는 기획안으로 무엇을 만들라는 것인지, 정말 미칠 노릇이다. 제품 서비스 기획안과 IT 요건 정의서, IT 개발 설계안이 상세하게 갖춰져야 기획이 어느 정도 구축되었다고 볼 수 있다.

영업과 운영 업무도 마찬가지다. 그저 어떻게 하라는 정도로 정리된 기획안을 영업사원이나 운영 업무 담당자에게 넘겨주며 무작정 나가서 영업을 하거나 운영을 하라고 하면 어떻겠는가. 사내외 고객을 직접 접하고 챙겨야 하는 업무이기 때문에 사소한 문제까지 미리 확인하고 준비해도 사고가 터질 수 있고, 그러면 회사가 받는 타격이 이만저만이 아닌 영역인데, 직접 겪어 보지도 않고 사무실에만 앉아서 기획 아닌 기획을 한 것이다.

두 경우 모두 현실성과 구체성이 결여되었기 때문에 제대로 된 기획안이라 할 수 없다.

65

첫 기획 업무, 창의적 문제 해결 역량

기획의 본질은 문제를 어떻게 창의적으로 해결하느냐에 있다

사무직에게 첫 번째로 필요한 역량은 산업·회사·조직·사람에 대한 지식과 경험이고, 특정 직무에 대한 전문성은 그다음이다. 이러한 지식과 경험을 바탕으로 문제 해결 능력과 인사이트, 설득적 커뮤니케이션 능력을 쌓아야 한다. 당신은 궁극적으로 경영자가 되어야 하기 때문이다. 이 모든 역량이 집결된 결과물이 바로 기획 업무다.

기획에 필요한 핵심 역량은 '문제 해결력(problem solving skill)'이다. 문제 해결력이란 경제·경영·기업 맥락에서 기업이 미션과 비전, 그리고 장기적 성장 목표를 추구하는 과정에서 부딪히는 모든 문제를 정의하고, 답을 찾고, 이를 실행하는 역량 전체를 말한다.

우리 회사에 전화해 성질을 내는 진상 고객을 어떻게 응대할지 같은 작은 문제부터 신사업에 진출해야 하는지 혹은

어떤 회사를 M&A할 것인지 같은 큰 문제까지 모두 포함한다. 상상할 수 있는 모든 아이디어와 실행 능력을 동원해 회사와 당신을 성장시키고, 그 과실로 회사의 비전과 목표를 달성하는 능력이다. 경영자가 되기 위해 필수로 갖춰야 하는 것이기도 하다.

어떤 방식으로든 최선의 결과물을 만들어 이를 실적으로 연결하는 것이 문제 해결력이다. 그리고 다른 사람의 아이디어를 그대로 적용하는 건 성공보다 실패 확률이 높고 차별화가 되지 않기 때문에 남과 다른 어프로치를 생각해 내야 한다. 그래서 보통 문제 해결력 앞에는 '창의적'이라는 수식어가 붙는다.

창의적 문제 해결력은 다음의 네 가지 요소로 이뤄진다.

1. 논리적 체계적 문제 분석
2. 합리적 창의적 대안 마련
3. 이해관계자 설득 커뮤니케이션
4. 합의된 대안의 끈질긴 실행

일반적으로 대학 교육 과정에서 문제 해결력을 익힐 수 있다. 하지만 이미 대학을 졸업했으니 다시 돌아가 배울 수는 없다. 대신 일상생활에서 지루하고 재미없더라도 철학과 역사 책을 꾸준히 보고, 친구들과 정치, 경제, 역사에 대해 토론하고, 작은 주제라도 잡아 타인을 설득해 보고, 그걸 바탕으로 뭔가를 이루려 노력하다 보면 점차 문제 해결력이 향상된다. 직장 생활에서는 소위 '일을 통한 성장'과 맥락을 같이하는데,

사소한 일부터 큰일까지 1번에서 4번의 순서로 지속적으로
실행해 보는 것이 필요하다. 문제 해결력을 주제로 검색하면
관련된 내용이나 도서 혹은 교육이나 강좌도 많이 나오니
참고해서 연습한다. 중요한 점은 공부 자체가 아니라 공부한
내용을 직접 일상에서든 직장에서든 적용해 봐야 한다는
것이다. 그래야 문제 해결력이 늘고 기획 역량이 향상된다.

66

첫 기획 업무, 현실적 기획안 도출

실행 가능한 기획안은 발로 뛰어야 나온다

기획을 제대로 하려면 밖에 나가서 시장과 고객을 직접 겪어야 한다. 고객이 지갑을 열 만한 수준의 사업, 상품, 서비스를 정확하게 인식하려면 경험이 필요하다. 고객은 정확히 제품과 서비스의 가치만큼만 지갑을 열기 때문에 시장과 고객을 최대한 직접 겪는 방법밖에 없다. 시장과 고객의 니즈에 기반한 기획안은 엄청난 성공까지는 아니더라도 최소한 실패는 피할 수 있다. 영업이든, 마케팅 리서치든, 고객 상담이든, 당신만의 관점을 기획안에 담기 위해서는 해당 자료나 정보를 얻는 과정에 최대한 직접 참여해 당신의 생각을 정리하고 시장과 고객에 대한 당신만의 가설을 세울 필요가 있다. 이를 반복하다 보면 더 이상 직접 나설 필요가 없는 시기가 오고, 이후 당신만의 인사이트가 만들어지는 단계에 들어서게 된다. 물론 그런 단계에서도 새로운 일을 해야 하거나 다른 아이디어가 필요하다면 다시 직접 현장으로 나가 보는 것이 좋다.

당신의 업무와 관련된 업계 관계자나 전문가를 만나는 것도 큰 도움이 된다. 당신보다 먼저 더 많은 것을 경험했기 때문에 당신이 효과적으로 해결책을 찾을 수 있도록 가이드해 주고 옳은 생각을 할 수 있도록 지침을 준다. 기획 과정에서 문제 인식과 가설 설정, 문제 해결에 이르기까지 사전에 검증을 받을 수 있다. 그들의 조언이 반드시 해답은 아닐지 몰라도, 해답을 찾아가는 여정에서 놓치거나 피해야 하는 것을 체크해 주기 때문에 현실적이고 인사이트가 담긴 기획안을 만들 수 있다.

팀장이나 선임, 동료 혹은 협업을 해야 하는 타 부서 담당자나 사외 이해관계자와도 적극적으로 소통해야 한다. 아무리 새로운 기획이라도 완전히 무(無)에서 만들어야 하는 경우는 없다. 따라서 부서 혹은 사내에서 과거에 진행했거나 현재 진행 중인 기획안 가운데 당신에게 도움이 될 참고 자료가 있기 마련이다. 이를 얻기 위해 회사 사람들에게 발품을 팔아야 한다. 그리고 기획이 완성되면 같이 일해야 하는 사람들을 만나 기획 방향과 내용에 대한 조언과 의견을 듣고 그들 입장에서 생각해 봐야 한다. 기획은 실행되었을 때 의미가 있는 것이므로 직접 일할 사람들이 그 기획안을 받아들이지 않으면 아무리 잘 만든 기획안이라도 그저 예쁜 쓰레기에 불과하다.

기획 업무의 성과는 정직하다. 많은 사람을 만나고 직접 발로 뛰고 땀을 쏟은 만큼 퀄리티가 나온다.

67

첫 기획 업무, 문제 발생과 책임

업무를 하다 보면 본의 아니게 문제를 일으킬 수 있다

기획 업무는 사무직의 꽃이라 여겨지지만, 주목을 받는 만큼 문제도 많이 벌어지고 책임질 일도 많다. 이는 기획 업무뿐 아니라 다른 모든 업무에서 발생하는 일이기도 하다. 한마디로 당신의 책임과 권한에서 비롯된다. 여기에서는 기획 업무뿐 아니라 직장에서 일하며 겪을 수 있는 각종 사고와 책임에 어떻게 대응해야 하는지 살펴보겠다.

　일을 하다 보면 의도치 않게 수많은 사고가 난다. 당신이 실수하거나 잘못해서 벌어진 사고일 수도 있고, 외부 요인으로 인한 사고일 수도 있다.

　당신이 실수로 중요한 메일을 잘못된 수신인에게 보내거나, 잘못된 설계 도면으로 기계 발주를 내거나 혹은 시스템 입력을 잘못해 추가 발주를 하거나, 다른 사람들과 협업으로 보고서를 만들다 원본을 날리거나 해서 회사의 기밀이 유출되거나 금전적 손실을 끼쳤을 수도 있다. 혹은 주위 사람들에게 큰 피해를 주었을 수도 있고.

또 당신은 제대로 일을 처리했지만 경쟁사의 비상식적인 가격 정책으로 당신이 담당한 상품의 시장 점유율이 급속히 떨어질 수도 있고, 해외 시장에서 해당 국가 사정으로 통관이 지연되어 상품의 마케팅 타이밍을 놓쳐 목표 매출을 달성하지 못했을 수도 있다.

아무리 운이 좋고 조심한다 해도 이런 사고와 문제를 피해 갈 수는 없다. 당장은 직장 생활, 아니 사회생활에 위기가 왔다는 생각이 들 것이다. 다시는 일을 못하지 않을까 걱정될 수도 있다. 하지만 잊지 말아야 할 것은 사고와 문제가 터졌다는 사실보다 '어떻게 해결하는가'가 더 중요하다는 점이다. 무엇보다 문제를 빠르게 수습하고 책임지는 태도와 능력이 높게 평가받는다. 이런 사고는 지속적으로 발생하기 마련이니, 위기관리 능력이 뛰어난 사람이 회사에는 반드시 필요하다.

먼저 당신 때문이 아니더라도 당신의 책임과 권한 아래 벌어진 일이면 주변에 떠넘기지 말고 즉각 책임을 인정한 뒤 수습할 방안을 찾는 데 모든 역량을 쏟아 붓는다. 또한 사고를 숨기지 말고 바로 보고한다. 직속 보고라인은 당신과 마찬가지로 사고에 대한 책임이 있다. 따라서 그들은 당신을 적극적으로 도와 함께 해결책을 찾으려 할 것이다. 그리고 수습이 지체되거나 안 되는 부분이 생겨도 함께 책임을 질 것이다.

68 -
71

첫 빌런,
악당을 만나도
지혜롭게 대처하는
전략가처럼

회사는 다양한 사람이 함께 일하는 곳이다 보니 별의별 사람을 다 겪게
된다. 당신의 성장을 도와주고 응원하는 좋은 사람만 가득하면 좋겠지만,
당신의 숨통을 조이고 괴롭히는 소위 '빌런'이 곳곳에 있는 게 현실이다.
　　신입사원 때야 괴롭힘을 당해도 사회생활이 서툴러 그런가 보다
했는데, 연차가 쌓여 좀 익숙해지자 더욱더 새롭고 강력한 빌런이 또다시
등장한다. 그러니 빌런을 무작정 피하기보다는 일단 인정하고 현명하게
대처하는 것이 현실적이다. 아무리 생각해 봐도 빌런을 만난 기억이 없다면?
그렇다면 당신이 빌런일 확률이 높다.

68

첫 빌런, 공공의 적 꼴통 상사

가장 흔하게 만나는 빌런이 꼴통 상사다

종잡을 수 없는 꼴통 상사 밑에서 일해야 하는 것만큼 괴로운 일도 없다. 과연 그들과 일하는 노하우가 있을까? 흠, 쉽지 않지만 대답은 "Yes"다.

먼저 상사가 꼴통이라고 욕하기 전에 자신을 되돌아볼 필요가 있다. 대부분이 그 상사를 꼴통이라고 말하면 상관없지만, 자신만 그렇게 생각하면 상사가 아니라 자신에게 문제가 있는 것일지도 모르기 때문이다.

꼴통 상사의 종류도 다양한데, 모든 부류를 언급하기는 어렵다. 여기서는 보통 사람들이 생각하기에 비상식적이고 지시가 일관되지 않고 아랫사람을 괴롭히면서 자기 혼자만 살려는 기회주의자를 꼴통 상사라고 정의해 보자. 이런 경우 아랫사람은 괴롭기만 하고 발전과 성장도 없이 시름시름 말라죽어 간다. 사실 이런 상사는 피하는 게 상책이지만,

상사를 선택할 수 있는 경우는 거의 없으니 더 답답하다.

대부분 꼴통 상사는 자기가 왕인 양 행동하길 좋아한다. 따라서 이런 상사와 가능한 한 부딪히지 않으려면 그가 원하는 대로 따라 주는 것처럼 보이는 게 중요하다. 그가 말하고 행동하는 모든 것을 존경하는 듯한 연기를 하면서, 그가 종잡을 수 없는 사고를 치기 전에 미리 대비해 어떤 상황이 와도 대처할 수 있도록 한다. 그러면 꼴통 상사가 나를 괴롭힐 명분이 확실히 줄어들기 때문이다. 대신 점점 쌓여 가는 스트레스를 줄이기 위해 그와 함께하는 일정 이외의 시간은 철저히 나만의 시간이 되도록 만들어야 한다. 어설프게 피하려고 꾀를 내 봤자 피한 만큼 그 이상으로 더 만나야 하니 상황은 더욱 안 좋아진다. 또한 적절히 띄워 주면서 확보한 신뢰감을 종종 개인적 친밀감으로 느끼게 만들어 당신이 하고 싶은 대로 할 수 있는 여지를 만드는 것도 방법이다.

꼴통까지는 아니지만 업무 지시에 방향성이 없는 상사와 일하는 것도 힘들다. 1시간이 멀다 하고 지시가 이랬다저랬다 하니 거의 미칠 지경이다.

이럴 때는 여러 상황에 맞춰 미리 준비를 해 놓는 수밖에 없다. 상사가 A로 하자고 했다 B로 했다 C로 하자고 할 때, B와 C도 미리 준비해 두고 대신 A는 욕먹지 않을 수준으로만 준비하는 것이다. 이는 그런 상사와 상관없이 정답이 따로 없고 언제든 여러 갈래로 나뉠 수 있는 업무와 사업의 방향성에 대처하는 연습이 될 수도 있으니 마음을 편하게 먹자.

직장 상사를 잘 만나는 것도 운이다. 현재 상황에서 가장

현실적인 답을 찾고 스트레스를 최대한 덜 받기 위한 지혜가
필요하다.

69

첫 빌런,
자기중심적 뺀질이 상대하기

남에게 일을 잘 떠넘기는 뺀질이에게 호구가 되면 안 된다

상사가 보고 있을 땐 팀워크의 화신처럼 일하는 척하지만, 상사가 사라지면 어떻게든 일을 다른 사람에게 떠넘긴다. 평소 맡은 일은 게을리하다가도 상사가 업무 평가를 한다고 하면 주변에 하소연을 해서라도 평가 대상 업무만은 그럭저럭 해결한다. 상사가 하는 말엔 무조건 고개를 끄덕이지만, 무슨 지시를 받은 건지 제대로 알지 못해 주변에 물어보기 일쑤다.

　아마 직장에서 보는 가장 흔한 사례일 것이다. 안하무인에 겉으로 드러난 스펙은 번드르르한데 실력은 형편없고, 내공은 없으면서 아는 체하고 어려운 용어나 쓰는 사람 말이다. 화려하게 입고 다니며 주목받고 싶어하는 관종, 그러면서 상사나 진짜 실력자 앞에서는 한마디도 못한다. 이런 빌런이 생각보다 많다.

　간단한 대응책을 몇 가지 알아보자.

논리적으로 설득해 봐야 이기적이고 자기중심적이며 타인의 입장 따위는 고려하지 않는 태도는 바뀌지 않는다. 기억하자. 논리적 설득은 전혀 안 먹힌다.

일을 떠넘기려 하거나 책임을 회피하려 하면 미러링(Mirroring)으로 대응하자. 일이 많아 힘들다고 징징대면서 도와 달라고 할 때 한번 들어주면 그다음부터는 대놓고 떠넘긴다. 우는소리를 하면 당신도 같이 우는소리를 하자. "아, 힘들겠어요. 그런데 어쩌죠? 저도 어제 밤새웠는데… 혹시 제 일 좀 나눠가 줄래요?" 같은 식으로 말이다.

윗사람의 권위를 활용하는 방법도 있다. "우리 일이 너무 많은데, 팀장님에게 일 좀 줄여 달라고 할까요?" 그러면 뺀질이는 절대 팀장에게 안 간다. 윗사람에게 꼼짝 못하는 기질을 활용한다.

안 되는 건 명확하게 안 된다고 처음부터 자른다. 뺀질이의 특징이 한번 선의를 베풀면 그게 권리인 줄 착각하는 것이다. 물론 화를 내면 뒷담화로 돌아오니 웃으면서 안 된다고 말하면 된다. 절대 도와주거나 부탁을 들어주면 안 된다. 당신에게 돌아오는 건 계속되는 무리한 부탁, 그리고 거절할 경우 무지막지한 뒷담화뿐임을 잊지 말자.

그 사람의 일은 그 사람이 하게 하자. 뺀질이는 사고도 잘 친다. 그런데 수습은 주변에 마음 약한 사람이 떠안는 경우가 많다. 역시 웃으면서 "그건 당신 일이니 당신이 수습해야 할 것 같네요"라고 말하자.

이런 태도와 성향이 인간관계 혹은 문제 해결 패턴에서 자주 보이는 사람과는 엮이지 않는 게 최선이다.

70

첫 빌런, 빅마우스 다루기

수다쟁이 빌런은 맞장구쳐 주지 않으면 떨어져 나간다

사람이 하나둘 모이면 뒷담화가 시작되기 마련이다. 어디든
사람이 모여 있는 곳에서는 다 마찬가지다. 사람은 평생 '말'과
떨어져 살 수가 없다.

특히 소위 조직 생활을 하게 되면 뒷담화와 가십에서
더욱 벗어날 수 없다. 어떤 사람은 그걸 이용해 자신의 이익을
추구하기도 한다. 재미있는 것은 어느 조직에나 빅마우스
수다쟁이가 반드시 있는데, 어떤 경우에는 그런 사람이 전체
분위기와 일에까지 심각하게 영향을 준다는 사실이다. 모든
빅마우스가 그런 것은 아니지만, 대부분이 자기 이야기는
잘 안 하고 남의 이야기에만 관심이 많다. 그 정보를 모아
이용하려는 것이거나, 사람을 관리하려는 것이거나, 그냥
취미이거나, 연예인 이야기를 하듯 남 이야기를 하길
좋아하거나, 목적도 다양하다.

자기는 숨기고 뒷담화와 가십만 즐기는 사람이 주변에 있다면 피해를 안 볼 수 없다. 그러니 피해를 최소화하는 방향으로 가야 한다. 최선은 무대응이다. 빅마우스의 이야기를 한두 번 받아주기 시작하면 당신도 빅마우스와 같은 부류로 소문이 나거나, 당신이 했던 이야기가 이상하게 각색된 채 여기저기 퍼져 평판이 나빠질 수 있다. 같은 사무실에 있으니 아예 무시할 수는 없지만, 빅마우스가 다른 사람의 흉을 보거나 거기에 동조하길 바랄 때는 자연스럽게 화제를 바꾸든지 아니면 그 말을 가볍게 넘기며 중립적인 태도를 보여야 한다. 몇 번 그렇게 하면 재미가 없어 더 이상 당신에겐 그런 이야기를 하지 않을 것이다.

빅마우스가 윗사람, 그것도 직속상관이라면 더욱 골치가 아프다. 게다가 뒷담화하는 사람과 그 대상이 모두 윗사람이면 더욱 불편할 수밖에 없다. 대체로 그런 사람은 자기가 하고 싶은 말만 쏟아 내거나 슬슬 눈치를 보면서 당신도 다른 상사의 험담을 하도록 유도하는 경우가 있기 때문에 곤혹스럽다. 그러니 어떤 핑계를 대서라도 뒷담화 상대가 되는 건 피해야 한다. 계속되면 그 자체도 스트레스이지만, 조직 내에서 그와 공동전선에 있는 사람으로 취급당하기 십상이다. 가장 좋은 것은 불편한 마음을 솔직히 이야기하고 끊는 것이다. 이것만으로도 스트레스의 반은 줄어든다.

71

첫 빌런, 고래싸움 피하기

상사들의 기 싸움에 휘말리면 새우등만 터진다

당신이 부딪힐 수 있는 최대의 난제는 상사 간의 기 싸움이다. 특히 팀장 밑에 있는 차장과 부장이 서로 으르렁거리는 경우인데, 과장 이하 직원들은 눈치만 보느라 일의 진도가 안 나간다. 거기다 차장의 지시 내용과 부장의 피드백이 아예 반대일 경우 부하 직원은 어찌할 바를 모를 수밖에 없다.

좋은 해결책이 없을까? 몇 가지 전략이 있을 수 있지만, 어느 것도 장기적 해결책이 되긴 어렵다. 다만 시간이 지나면 자연스레 해소되기 때문에, 그때까지 당신이 받는 스트레스의 강도를 조금씩 낮추는 전략만 존재한다.

성과를 위해서라면 물불 안 가리는 가혹한 스타일의 A 부장. 하지만 B 차장과는 물과 기름 사이다. 순수하게 업무만 가지고 B 차장을 질책한다면 부하 직원들은 A 부장이 요구하는 수준에 맞추면 된다. 그런데 감정적인 이유로 B

차장에게 더욱 가혹하게 트집을 잡는다면 문제다.

이런 경우노 있을 수 있다. A 부장과 B 차장의 감정 충돌이 업무에까지 영향을 미쳐 서로 상반된 지시를 하거나, 어느 한쪽을 건너뛰고 보고하라는 요구가 내려오면 부하 직원만 괴로워진다. 시키는 대로 하지 않으면 안 한다고 뭐라 할 것이고, 한쪽의 지시를 따르면 다른 쪽에게 찍힐 것이 자명하기 때문이다.

일하다 보면 골치 아픈 윗사람도 만나기 마련이니 내공을 쌓는다 생각하고 버티는 수밖에 없다. 다만 상반된 지시가 반복되거나 체계를 무시하고 자신에게만 보고하라고 한다면, 일대일 면담 자리 같은 데서 당신의 의사를 솔직히 밝히는 게 좋다. "상반된 지시가 계속 내려와 힘들다. 두 분 모두 제 상관이라 누구의 의견을 따라야 할지도 모르겠다. 두 분이 합의해서 지시를 내리면 성실하게 수행하겠지만, 지금 상황에서는 일을 제대로 할 수가 없다. 조직의 목표를 생각해 상황을 해결해 주시면 좋겠다." 두 상사 모두 이런 이야기를 들어줄 성향이 못 된다면 더 윗선에라도 이야기해야 한다. 그래서 문제가 해결되면 좋고, 아니더라도 지금 업무가 제대로 이루어지지 않는 건 상사들의 문제이지 실무자의 문제가 아니라는 메시지를 윗사람들에게 알릴 수 있다.

충돌하는 상사를 당신이 어찌하기는 어렵지만 스트레스의 무게는 스스로 줄일 수 있다. 입장을 명확히 하고 솔직히 이야기함으로써 말이다. 중요한 건 두 당사자와 주변 사람이 그 사실을 확실히 인지해야 한다는 것이다.

72 - 74

첫 협업,
누구나 함께 일하고
싶은 능력자처럼

회사에서 협업은 특별한 일이 아니다. 사수나 후임 혹은 유관 부서와 일하는 것은 일상이나 마찬가지다. 하지만 당신이 속한 부서나 담당한 일 이상의 협업은 다른 곳에서 이루어진다. 바로 회사에서 별도로 추진하는 프로젝트팀이나 TFT에서 말이다.

TFT는 회사에서 현재 관심이 있는 핵심 현안을 해결하기 위해 꾸리는 팀이다. 중요한 일인 만큼 팀원으로 선정되기 어려우므로 만약 여기에 투입된다면 업무 능력을 인정받았다고 생각해도 좋다.

TFT에서 당신은 일상 업무보다 더 강도 높고 복잡한 일을 처리하게 될 것이다. 하지만 그만큼 인정받을 확률도 높아질 테니 업무 수행 능력만이 아니라 '같이 일하고 싶은 사람'이라는 평판을 얻는 것도 중요하다.

여기에서는 프로젝트팀이나 TFT에 투입되었을 경우 주의해야 할 사항을 살펴보겠다.

72

첫 협업, 기대 역할 파악

협업에서는 우선 부서 대표로서의 역할이 요구된다

사원 A는 오늘 사내 게시판에서 TFT에 참가할 지원자를 받는다는 공지를 봤다. 사실 몇 주 전부터 신사업 프로젝트가 시작된다는 소문이 돌긴 했다. 부서 회식 자리의 주된 화젯거리기도 했고.

공지를 찬찬히 읽어 보니 재미있을 것 같다. 들어가면 기여할 것도 있을 것 같고. 하지만 지금 담당한 일들이 떠오르고, 새로운 환경에 대한 막연한 두려움도 생긴다. 그냥 하던 일이나 열심히 하지 뭐. 지금 일도 충분히 많다!

며칠 뒤 팀장이 A를 호출한다. 평가 시기도 아닐뿐더러 최근에 딱히 실수한 것도 없는데. 어리둥절한 A에게 팀장이 말한다.

"얼마 전에 사내 게시판 봤죠? TFT에서 A님을 보내 달라는 업무 협조 요청이 내려왔어요."

회사에서는 기존 부서나 팀이 맡아서 진행하기 어려운 프로젝트나 사업을 위해 별도의 팀을 꾸리는 경우가 많다. 바로 프로젝트팀이나 TFT가 그런 경우다. 일단 팀이 만들어지면 함께할 팀원을 구성하게 되는데, 신청을 받는 경우도 있지만 대부분은 적합한 사람을 회사에서 선발한다. 팀원이 되면 해야 할 일의 양과 중요도에 따라 원래 업무를 접고 참가할 수도 있고, 원래 업무와 병행할 수도 있다. 부서 내 담당자로서 일부 업무만 맡게 될 수도 있고.

만약 프로젝트팀이나 TFT 멤버로 선발되었다면 가장 먼저 당신과 부서의 역할이 무엇인지 정확하게 파악해야 한다. 온전히 당신의 역량만 보고 선발했을 수도 있지만, 당신 부서와의 협업을 위한 담당자로 선발했을 수도 있기 때문이다. 물론 실제로는 후자의 경우가 더 많다.

따라서 프로젝트나 TFT의 목적과 최종 결과물이 무엇인지 파악하고 나면, 당신과 부서가 해야 할 일을 정리해야 한다. 팀장의 도움을 받아 당신을 중심으로 부서 내 역량을 어떻게 모을지, 업무 분담은 어떻게 할지 결정한다. 만약 기존 업무를 조정해야 할 경우 누구에게 어떻게 언제까지 인수인계할지도 팀장과 상의해 정해 놓아야 나중에 두 업무가 충돌하지 않을 수 있다.

73

첫 협업, 최종 결과물 기대 수준 관리

중요한 것은 최종적으로 성취해야 하는 바를 파악하는 것이다.

프로젝트나 TFT가 킥오프(Kick-off, 새로운 업무나 프로젝트 착수 보고)하고 나면 회사 입장에서 안 가 본 길일 확률이 높다. 회사 역시 새롭게 도전하는 일이며, 참가 멤버 역시 마찬가지일 것이다. 보통 사전 준비를 하고 킥오프를 하고 나서도 프로젝트 기획은 부실할 가능성이 높다. 수십에서 수백 페이지의 기획서임에도 말이다. 앞으로 어떤 방향으로 나아가야 하고 무엇을 해야 할지에 대해서는 분명하게 나와 있지만, '어떻게' 해야 하는지는 분명하지 않을 수 있기 때문이다. 사실 당신을 비롯해 사내 능력자를 모은 가장 큰 이유가 바로 그 과제를 어떻게 실행해야 하는지 해답을 찾기 위해서다. 즉, 실제 현장의 관점으로 프로젝트를 현실적으로 다듬어 회사가 실질적 수익을 낼 수 있도록 하고, 현재 목표를 구체화해 최종 결과물을 명확히 해야 한다. 또한 각 멤버는 자신과 부서의 역량을 쏟아 넣어 프로젝트의 성공 확률을 높여야 한다.

프로젝트나 TFT에 참여하면 최종 결과물과 회사의 기대 수준을 명확하게 정의하고 관리해야 한다. 팀에 들어가기 전에 부서 팀장을 비롯한 직속 보고라인과 충분히 논의하고 정리한 결과를 반영하는 것이 우선이다. 회사가 원하는 결과물의 형태가 기대치와 다르면 당신이 중심이 되어 부서 팀장과 보고라인의 의사결정권자와 계속 맞춰 나가는 작업을 해야 하며, 당신의 권한 밖에 있는 문제는 프로젝트나 TFT 팀장과 부서 팀장 혹은 의사결정권자가 조율하도록 해야 한다. 이것이 제대로 정리가 안 되면 당신은 열심히 일했는데 인정받지 못하는 상황이 발생할 수 있다.

예를 들어 신규 사업 모델을 위한 프로젝트에 마케팅 부서 담당자로 참여하게 되었다고 해 보자. 프로젝트를 살펴보았는데, 당신과 부서가 파악한 바와 전혀 다른 시장과 고객의 니즈를 기반으로 추진하고 있다면 좋은 결과물을 내기 어려울 것이다. 시장과 고객에 대해 다시 정의하고 보다 세밀한 리서치를 거쳐 신규 사업 모델이 목표로 하는 시장과 고객을 구체화하는 작업이 필요하다.

프로젝트 종료 후 나오게 될 최종 결과물의 모습을 구체적으로 그려서 프로젝트에 참여하는 모든 사람이 어떤 모습인지 상상할 수 있도록 해야 한다. 그리고 그 모습에 모두가 동의해야 한다. 당신이 주도하지 않는 경우라도 당신과 부서가 참여하는 부분은 그렇게 만들어야 한다. 또한 최종 결과물에 대한 회사의 기대치도 현실화해야 한다.

기획안에서만 가능하고 실제로는 구현하기 어려운 경우가
허다하기 때문이다. 실제로 어떤 수준까지 해낼 수 있는지
논의해 회사와 기대 수준을 맞춰야 한다.

이 모든 것이 분명해지면, 얼마나 시간이 걸리고 어떤
지원을 받아야 하는지 정리한다. 소위 '프로젝트 관리 및
계획'이라고 하는데, 당신이 맡은 부분에 대해 먼저 고민하면
된다. 대신 잊지 말아야 할 것은 최종 결과물과 기대치,
프로젝트 추진 계획 모두 참여 부서나 멤버들과 조율해
맞춰야 한다는 점이다. 회사가 이렇게 따로 팀을 꾸린 이유는
멤버들 서로가 유기적으로 엮여 움직이지 않으면 해낼 수
없는 일이기 때문이다.

74

첫 협업, 보고라인 명확화

프로젝트에 참가하면 보고라인이 꼬이는 경우가 있다

익숙하게 안정적으로 하던 일을 계속하는 것도 좋지만, 업무가 더 이상 당신에게 긴장감을 주지 않으면 어느덧 무기력해지고 직장 생활이 재미없어질 수도 있고, 자신만 정체된 것 같아 불안해지기도 한다. 이럴 때 스스로 업무를 개선하거나 새로운 일을 만들어 '일을 통한 성장'을 계획하고 실행할 수도 있지만, 결코 쉽지 않은 일이다. 회사에서 주어진 새로운 도전 과제는 당신이 이런 반복된 일상의 틀에서 벗어나 일을 통해 능력을 키우고 성장할 수 있는 기회를 준다. 그런데 일이 아니라 예상 못했던 다른 부분에서 고민이 생길 수 있다.

어제도 그제도 야근을 했다. 프로젝트가 중반을 넘어서면서 기획안을 하나둘 현실화해 상품과 서비스를 준비하는 단계라 할 일이 너무 많다. 기존 부서에서라면 같은 기간 동안 2~3개 정도 준비하고 런칭했겠지만, 회사에서 새롭게 도전하는 시장이라 5~6개를 동시에 런칭할 계획이다. 몸은 피곤하고 힘들지만 한창 일에 재미가 붙어 마음은 즐겁다. 그런데 갑자기 프로젝트 팀장이 부른다. 시장에 보다 강력하게 런칭해 초반에 기선을 제압하려는 전략으로 상품 두 가지를 추가하기로 했다고 한다. 대신 각종 지원을 아끼지 않겠다고. 지금 상태로는 뭔가 아쉬웠는데, 이렇게 하면 더 좋을 듯해 그렇게 하겠다고 답하고 자리에 돌아와 관련 자료를 살펴보는데… 추가된 상품의 시장과 고객이 기존 상품과 일부 겹쳐 기존 상품의 시장 점유율과 매출에 영향을 미칠 것 같다. 더군다나 당신 부서의 상품이다. 어떻게 해야 할까?

이런 상황에 부딪히면 난감할 수밖에 없다. 프로젝트나 TFT 업무 특성상 보고라인이 복잡하기 때문에 흔히 벌어지는 일이다. 현재 당신에게는 부서의 보고라인과 프로젝트팀의 보고라인이 있다. 대부분의 보고 사안은 양쪽 보고라인을 모두 신경 써야 한다. 물론 업무를 주관하는 곳이 어디냐에 따라 메인 보고라인이 결정되지만, 프로젝트에 부서의 일이 연계되어 있으면 기존 보고라인에 보고해야만 한다.

만약 프로젝트팀이나 TFT 활동을 하면서 보고라인에 이해 충돌이 자주 발생하면, 혼자 해결할 수 있는 문제가 아니니 정식으로 양쪽에 보고하고 의사결정권자가 상황을 정리하도록 해야 한다. 그러지 않으면 당신의 의도와 상관없이 양쪽에서 이중 스파이로 오해받거나 한쪽으로 치우친 느낌을 줘서 다른 쪽에서 배신자 소리를 듣기 십상이다. 정식으로 회사에 넘겨서 해결한다.

또 다른 명확한 기준이 있다. 당신의 업무 평가를 누가 하느냐. 당신이 맡은 여러 업무를 기존 부서와 프로젝트팀에서 나눠 평가할 수도 있고, 프로젝트팀에 소속되어 있지만 전체 평가는 기존 부서에서 할 수도 있다. 만약 TFT의 일만 한다면 TFT에서만 평가를 받을 수도 있다. 보고라인의 우선순위가 모호해 갈피를 잡기 어려울 경우 첫 번째 판단 기준을 당신의 성과를 인정하고 평가해 주는 쪽으로 잡으면 무리가 없을 것이다.

75 -
77

첫 경조사,
인간미 넘치는
배려의 아이콘처럼

직장 생활도 사회생활의 일부이기 때문에 회사를 다니다 보면 각종 경조사를 챙겨야 하는 경우가 많다. 직장 상사나 동료, 업무 관련 이해관계자의 경조사를 신경 써야 하며, 이 또한 업무의 연장이라고 생각하는 것이 좋다. 결혼식이나 생일, 승진, 돌잔치 등 기쁜 일일 수도 있고, 장례식이나 퇴사 등 슬픈 일일 수도 있다. 직장 생활에서는 여러 사람과 함께 지내며 관계를 만들어 나가는 과정도 중요하기 때문에 업무뿐 아니라 인간관계도 챙겨야 한다.

하지만 경조사 소식을 들으면 어떻게 해야 할지 고민이 들 수 있다. 연차가 높은 사람은 이미 익숙해 크게 고민하지 않겠지만, 사회 초년생은 누구를 어디까지 챙겨야 하는지, 무엇을 어떻게 해야 하는지 잘 모르는 경우가 많다. 연차가 높은 사람도 처음에는 어려웠겠지만, 주위 사람들이 알려 주고 경험하면서 차차 익숙해진 것이다. 여기에서는 이런 경조사에 대해 살펴보겠다.

75

첫 경조사,
경조사도 업무의 연장

중요한 경조사는 반드시 챙겨야 한다

경조사는 사적인 관계에서 챙기는 것과 공적인 관계에서
챙기는 것이 비슷하면서도 다르다. 기쁘거나 슬프거나 진실된
감정을 담아 챙기는 것은 비슷하지만, 회사에서는 사회적
예의와 매너에 맞게 챙겨야 하는 경우도 많다. 마음을 담은
진심도 중요하지만, 표현하는 형식도 중요하다는 의미다.

경조사는 어떤 상황에서 누구까지 챙겨야 할까?

사회 통념상 큰일이라고 생각되는 경조사는 반드시
챙기는 것이 좋다. 당사자의 결혼식은 물론 직계가족의
장례식 등 인생에서 큰 사건은 꼭 챙기자. 장례식은 상을
당한 사람이 직속 보고라인에 보고하는 한편 부서 내 몇
명에게만 소식을 전한다. 따라서 소식을 들었다면 참석해야
한다. 돌잔치의 경우 예전에는 꼭 챙기는 경사 중 하나였으나
요즘은 가족이나 친지와 조용히 하는 경우가 많아 딱히

나서서 챙기지는 않는 분위기다. 어떤 경조사든 초대장을 받거나 구두로 혹은 부서 내 공지로 알게 되었다면 일단 참석하는 게 좋다. 그 외에 누가 사고를 당하거나 아파서 입원했다면 위로를 해 줘야 하고, 생일이나 승진, 타 부서 이동, 퇴사나 이직도 챙겨야 할 경조사다.

커리어나 인생에서 의미가 큰 경조사는 별로 헷갈리지 않는데, 챙겨야 할지 말아야 할지 모호한 것이 있다. 밸런타인데이, 화이트데이, 빼빼로데이 등이 챙기기도 애매하고 안 챙기면 신경 쓰이는 대표적인 이벤트다. 이는 부서 분위기를 따라도 되고, 만약 당신이 이런 이벤트 자체를 별로 중요하게 생각하지 않는 스타일이라면 그냥 넘겨도 된다.

경조사를 챙겨야 할 대상은 당신의 부서와 팀, 그리고 직속 보고라인의 사람들이다. 또한 타 부서 사람 중에서 협업을 하고 있거나 도움 혹은 지원을 받는 사람도 챙겨야 한다. 만약 타 부서 사람이 결혼한다고 인사를 왔는데, 같이 일한 적도 없고 사적으로 친한 사이도 아니라면 굳이 결혼식에는 가지 않아도 된다. 아마도 부서 이름으로 축의금을 보낼 것이기 때문에 축의금을 낼지 말지는 스스로 결정한다. 사외 사람들의 경우 타 부서와 마찬가지로 협업을 하고 있거나 향후 업무를 위해 관리해야 할 대상이면 경조사를 챙기는 것이 좋다. 특히 당신이나 부서에 강력한 영향력을 미치는 사람이라면 더더욱 신경 써야 한다. 예를 들어 회사에 막대한 매출을 올려 주는 클라이언트라면 당신뿐 아니라 회사 차원에서 경조사를 어떻게 챙길지 전략적 접근까지 필요할 수 있다.

76

첫 경조사, 경조사 챙기는 방법

경조사에도 비즈니스 매너가 있다

경조사를 챙기긴 해야 하는데, 어떻게 챙겨야 할지 감이 잘 안 온다. 비즈니스 매너나 회사 방침에 따라 주의해야 하는 사항이 있을 수 있기 때문이다. 직장 내 경조사에서 신경 써야 할 몇 가지를 상황별로 알아보자.

부서원의 경조사를 당신이 챙겨야 한다면, 가장 먼저 할 일은 경조사와 관련한 회사의 지원책을 확인하는 것이다. 대부분 사내 규정에 나와 있으니 찾아보면 되고, 작은 회사의 경우 암묵적으로 진행해 온 관행이 있으니 선임이나 동료에게 물어보면 된다. 결혼식이나 장례식, 돌잔치 등 주요 경조사에 회사가 금전적으로 혹은 물품이나 서비스로 지원하는 것이 있으니 확인한 후 본인이 직접 신청해야 하는 것 이외의 것을 신청한다. 그리고 당신의 부서와 주로 함께 일하는 타 부서에도 소식을 알리고, 필요한 경우 회사 외부 사람들에게도 별도로 연락한다. 이메일로 알리거나 사내 게시판에 올려도 되고, 장례식이나 사고처럼 긴급한 건은 문자나 전화로 알린다.

경조사에 직접 참석하게 된다면 복장도 중요하다. 요즘은 비교적 자유롭게 입어도 되지만, 그래도 자리에 맞는 복장을 갖추는 것이 예의로 대부분 정장이면 충분하다. 장례식엔 검은 정장과 넥타이가 필요하지만, 회사에서 바로 가는 경우가 많아 너무 밝은 색의 정장과 넥타이만 아니라면 평소에 입던 정장도 큰 무리는 없다. 그리고 특별한 사정이 있지 않은 한 부서원들과 미리 만나거나 현장에서 만나 함께 가는 것이 일반적이다. 경조사 당사자가 많은 사람을 대해야 하기 때문에 부담을 덜어 주기 위해 한번에 같이 가는 것이라 생각하면 된다. 또 회사나 업무와 관련된 다른 사람들이 왔을 때 당사자가 정신이 없어 제대로 챙기지 못할 때 부서 동료가 대신 챙겨 준다. 경조사도 업무의 일환이라는 측면에서 이해하면 된다.

가장 고민되는 점이 축의금과 조의금을 얼마나 내느냐일 것이다. 개인 사정으로 경조사에 직접 가지 못해도 축의금이나 조의금은 보내야 하는 경우가 있다. 이는 사회적으로 통용되는 기준과 동일하다. 사적으로 가까워 많이 내고 싶으면 많이 내고, 그 정도 사이가 아니라면 일반적인 기준에 맞추면 된다. 요즘은 가장 무난한 게 5만 원이다. 몇 년 전까지만 해도 친하지 않으면 3만 원, 조금 친하면 5만 원, 아주 친하면 10만 원 이상이었는데, 물가가 많이 올라 3만 원은 없어졌다. 하지만 추가로 생각해야 할 부분은 부서에서 돈을 모아 함께 내는 경우다. 부서원끼리 모두 똑같이 혹은 직급별로 금액을 정하면 거기에 맞춘다. 단, 따로 챙기고 싶다면 이야기하고 따로 내도 된다.

77

첫 경조사,
축하받을 일과 고마워할 일

고마움을 표시하고 싶을 때도 챙길 것이 있다

이번에는 당신이 경조사의 당사자인 경우를 살펴보자.

일단 경조사가 있을 때 부서 팀장이나 동료에게 상황을 직접 알려야 하며, 직접 할 수 없는 상황이라면 가족이라도 알려야 한다. 무슨 일인지 회사와 부서에서 알아야 도와줄 수 있고, 당신이 업무에서 당분간 빠질 테니 미리 대비해 일에 차질이 없도록 조치할 수 있다.

결혼식이나 출산, 돌잔치 등 사전에 예상 가능한 일은 회사에 미리 알려 놓는 것이 좋다. 경사에 회사 사람들을 초대하고 싶다면 사내 게시판이나 이메일, 전화로 알리거나 초대장을 돌리며 인사하는 것도 좋다. 아무리 온라인과 모바일이 발달했어도 여전히 직접 카드를 돌리고 얼굴 보고 이야기하는 것을 더 친밀하고 예의에 맞는다고 느낀다. 회사에서 지원받는 항목을 알아보고 미리 신청해 두면 좋다.

금전적 지원이나 화환 등 물품 지원, 휴가도 신청해야 하며, 경조사가 끝나고 돌아와 후속 조치를 잘해야 제대로 지원받을 수 있다. 출산의 경우 예정일과 다를 수도 있으므로 미리 언제 출산휴가를 쓸지 결정해 회사에 알려 줘야 한다.

승진이나 생일 등 축하받을 일이 생기면 어떻게 하는 것이 좋을까? 상대방이 부담을 갖지 않는 선에서 한턱내면 된다. 물론 회사마다 분위기가 다르기는 하다. 예를 들어 승진하면 거하게 부서 회식을 잡아 돈을 엄청 써야 하는 일이 여전히 있는데, 이럴 경우 그 분위기를 따를지 아니면 당신 스타일대로 할지 정해야 한다. 요즘은 대부분 축하받을 일이 생기면 점심이나 간식을 사거나, 부서에서 승진 축하 회식을 열어 준다면 2차로 간 커피숍이나 호프집에서 큰 금액이 아닌 선에서 가볍게 내는 정도면 충분하다. 그래야 다음에 축하받을 일이 있는 사람도 부담스럽게 느끼지 않고 서로 진심으로 축하해 줄 수 있을 것이다.

간혹 특별한 경조사와 상관없이 진심으로 고마움을 표시하고 싶을 때가 있다. 예를 들어 명절에 상사나 주위 사람에게 고마움을 전하고 싶을 수 있다. 개인적인 고마움이든 업무 관련해서든 말이다. 이럴 때는 상대방이 부담스러워하지 않는 선에서 해야 한다. 선물이 뇌물로 여겨질 수도 있기 때문이다. 이는 철저히 회사 규정을 따르는 것이 안전하다. 큰 기업의 경우 사내외 선물 교환 규정이 명확하게 있으니 준수하면 되고, 기준이 없다면 '김영란법'처럼 국가에서 규정한 기준을 따르면 된다.

**78 -
80**

첫 휴가,
휴식도 프로처럼

일하느라 시간이 어떻게 가는지도 모르게 정신없이 보냈는데, 벌써 여름이고 휴가 시즌이 얼마 남지 않았다. 지친 심신을 며칠 쉬면서 회복할 수 있다. 동남아를 가 볼까? 아니면 그냥 호캉스? 벌써부터 일이 손에 잡히지 않는 것 같다.

그런데 놀 생각에 들떠 있던 것도 잠시, 휴가 중에도 계속 진행되어야 하는 일들이 눈에 밟힌다. 일단 갔다 와서 해결하려니 휴가 이후에 펼쳐질 고생길이 훤하다. 휴가 내고 쉴 게 아니라 그냥 밀린 일을 해야 하는 게 아닐까 싶다. 대체 어떻게 하지?

78

첫 휴가, 휴가 일정 잡기

휴가 일정에 따라 휴가의 질이 달라진다

휴가 갈 생각에 기분이 한껏 들뜨지만 업무를 돌아보면
마음이 곧 무거워진다. 하지만 빡빡하게 돌아가는 직장
생활에서 항상 일에 치여 지내는데, 휴가마저 못 가거나
가더라도 제대로 쉬지 못한다면 정말 우울할 것이다.
복잡하게 생각하지 말자. 일할 때는 일하고 놀 때는 노는
직장인이 진정 멋진 사람이다. 쉬지 않고 일만 하면 바보가
된다는 말처럼 간간이 쉬어야 일도 더 효율적으로 잘할 수
있고 새로운 생각을 할 수 있는 여유도 생긴다. 무엇보다
심신의 건강을 챙길 수 있다.

회사에서도 직원들에게 휴가나 월차를 쓰도록 권장한다.
물론 산업과 규모, 조직 문화에 따라 차이가 있기는 하지만,
요즘은 휴가를 비롯한 직원의 휴식을 당연하게 여긴다.
휴가나 월차를 사용하지 않으면 나중에 돈으로 지급해야 하기

때문에 회사에서는 금전적 이유에서라도 사용을 권장한다.

휴가 날짜를 어떻게 잡고 얼마나 잘 준비하느냐에 따라 휴가를 얼마나 잘 즐길 수 있는지가 결정된다고 해도 과언이 아니다. 먼저 휴가 일정을 어떻게 잡는 게 좋을지 알아보자.

예전과 달리 요즘은 특정 기간에 휴가를 가도록 강제하지 않는다. 물론 제조업처럼 공장 라인 운영에 맞춰 휴가를 가야 하는 경우도 있고, 휴가 시즌이 성수기인 산업처럼 일반적인 휴가 시즌을 피해 가야 하는 경우도 있다. 하지만 이런 경우를 제외하고는 대부분 자신이 원하는 때에 휴가를 낼 수 있다. 대신 업무에 차질이 없도록 부서나 팀 내부에서 서로 휴가 기간이 겹치지 않게 조정할 필요는 있다. 직원 입장에서도 휴가 기간에 갑자기 사고나 긴급한 일이 생겨 복귀해야 하는 사태를 최대한 피할 수 있기 때문에 합리적이다.

휴가 등록 공지가 뜨면 팀장 주관으로 각 부서원의 휴가 희망 날짜를 취합한다. 특정 기간에 너무 많이 몰리지만 않으면 대부분 원하는 날짜와 기간에 휴가를 갈 수 있다. 여름휴가는 보통 7월 말에서 8월 초에 집중되는 경향이 있다. 그래서 차라리 6월이나 8월 중순 이후로 성수기를 피해 휴가를 가는 것도 좋다. 휴가 협의가 끝나면 휴가 기간 동안 업무를 대신 처리해 줄 사람을 정하게 된다. 보통 휴가 날짜를 정하면서 동시에 업무 담당자도 결정한다.

현재 진행 중인 업무에 맞춰 휴가 일정을 잡는 것도 노하우다. 부서 동료가 대신 처리해 주는 데도 한계가 있고, 가장 중요한 시점에 자리를 비우면 일 자체가 틀어지거나 휴가 이후에 수습하느라 더 고생할 수도 있다. 차라리 일이 본격적으로 시작되기 전이나 마무리된 후에 마음 편하게 휴가를 가는 것도 방법이다.

참고로 여름휴가는 보통 5월경에 결정하기 때문에 몇 개월 전에 싼값으로 미리 항공권이나 숙박을 예약하기 어렵다. 만약 그렇게 하고 싶다면 앞으로 예상 못했던 일이 발생할 수 있다는 점을 충분히 인식하고, 휴가 날짜를 취합하기 전에 팀장과 동료들에게 미리 이야기해서 당신의 휴가 날짜와 기간을 먼저 정할 수 있도록 해 둔다.

79

첫 휴가, 휴가를 위한 사전 준비

휴가 전에 일을 얼마나 처리해 놓느냐가 중요하다

휴가 날짜도 정하고 휴가 계획도 세웠다. 물론 항공편과
숙박도 예약했다. 아직 휴가가 한참 남았는데 마음은 이미
휴가지에 가 있다. 들뜬 기분을 잠시 가라앉히고 휴가를
즐겁게 보내기 위해 사전에 미리 처리해야 할 업무를 정리할
필요가 있다. 그러지 않으면 휴가 가서 업무 전화와 업무 처리
폭탄을 맞게 될지도 모른다.

휴가의 질은 휴가 전에 업무를 얼마나 해 놓았느냐에
달려 있다. 슬프게도 당신이 휴가를 간다고 담당 업무도 함께
멈추지는 않는다. 따라서 휴가 전에 해 놓을 수 있는 일은
최대한 미리 해 두고, 휴가 동안 발생할 수 있는 일을 예상해
미리 조치를 취해 둬야 한다. 휴가 직후에 밀린 일을 정신없이
하다 정작 중요한 일을 놓치는 경우도 많기 때문에 휴가
전후의 업무 계획을 세워 두는 것이 좋다. 또 휴가 시즌 동안

다른 부서원들도 번갈아 휴가를 가기 때문에 당신이 업무를 대신 해 주기로 한 동료에게 미리 인수인계를 받아야 한다. 휴가 동안 제대로 쉬며 놀기 위해서는 휴가 전후에 매우 바쁠 수밖에 없다는 것을 인정하자.

그러면 휴가 기간 동안 발생할 법한 일을 어떻게 예상하고 미리 대비할까? 평소 업무는 어떻게 진행될지 미리 예상할 수 있느니 거기에 맞춰 준비할 수 있다. 반면에 프로젝트 같은 일회성 업무나 시즌에 따라 갑자기 생길 수 있는 일은 예측하기 어렵다. 일회성 업무는 담당자나 프로젝트 팀장과 상의해 미리 당신의 업무 일정을 조정해야 한다. 또한 시즌별로 생길 수 있는 일은 경력이 높은 선임과 논의하면 큰 도움이 된다. 어떤 일들이 언제 어떻게 발생했는지 과거 경험이 있기 때문에 참고하면 어느 정도는 미리 대비할 수 있다.

그 외에 챙겨야 할 것을 살펴보자. 먼저 부서 내 협의가 끝나면 휴가계획서를 작성해 올리고 결재를 받아야 한다. 휴가를 언제 어디서 어떻게 보내는지뿐 아니라 휴가 기간 동안 대신 업무를 처리할 직원과 어떤 업무를 인계받았는지도 적어야 한다. 또한 만약의 상황에 대비한 비상 연락처를 부서원뿐 아니라 타 부서 및 사외의 주요 관계자에게도 공유해 놓아야 한다.

80

첫 휴가, 휴가 중 업무 처리

최악의 경우 휴가에서 업무를 하게 될 수도 있다

이보다 더 완벽한 휴가는 없다. 휴가 가기 전에 정말 꼼꼼하게 준비해 업무도 미리 처리해 놓았고, 업무 관련 사람들에게도 미리 알려 꼭 필요한 일은 먼저 처리하거나 다른 사람이 대응하도록 협의해 놓았다. 모두가 휴가 잘 다녀오라고, 휴가 중에 절대 연락하지 않겠다고 인사까지 했다. 해변에서 선베드에 누워 망중한을 즐기는데 휴대폰이 울린다. 아, 누구지? 팀장이다.

아무리 완벽하게 휴가를 준비했어도 휴가 중에 업무 전화를 받을 가능성은 매우 높다. 솔직히 아예 안 오면 좋겠지만, 휴가 중에 업무 관련 전화가 몇 통 정도 오는 것은 당연하다.

휴가 중에 회사에서 연락이 오면 솔직히 달갑지 않다. 얼마만의 휴식인데, 일로 방해받는 기분이 든다. 하지만 현명하게 행동해야 한다. 휴가 동안은 긴장이 풀려 감정적으로 대응하는 실수를 하기 쉽기 때문이다. 휴가라는 것을 알면서 전화하는 사람도 마음이 불편하기는 마찬가지다. 그럼에도 전화를 했다면 긴급한 일이거나 중요한 일일 가능성이 높다. 기분이 안 좋더라도 감정을 드러내지 말고 전화를 받아 무슨 일인지 확인한다. 전화로 끝낼 수 있는 일이면 그렇게 하고, 아니라면 언제까지 해 줘야 하는지 파악해 직접 하거나 사무실에 있는 동료에게 부탁한다.

스마트폰이 보편화되면서 간단한 업무는 대부분 휴대폰으로 처리하는데, 이게 오히려 직장인을 제대로 쉴 수 없게 만든다. 퇴근하고 나서도, 휴일에도, 하물며 휴가 동안에도 인터넷 접속만 가능하면 언제든 연락하고 업무를 처리할 수 있으니 말이다. 전화와 인터넷 모두 안 되는 곳이 거의 없으니 연락이 안 된다는 핑계도 댈 수 없다. 그러니 차라리 편안한 마음으로 받아들이는 것이 정신 건강에 좋을 것이다. 만약의 상황에 대비해 노트북을 챙겨 가고 대신 정해진 시간에만 업무 목적으로 사용하는 것도 방법이다. 또한 스마트폰도 휴가 동안에는 업무 메일함이나 회사 업무 앱을 닫아 두었다가 연락이 왔을 때만 다시 활성화하는 것도 좋다. 사실 완전히 피할 수는 없기 때문에 가장 현실적인 방법일 것이다.

81 -
84

첫 평가,
일한 만큼 표현하고
인정받는 협상가처럼

정말 쉬지 않고 열심히 일해 왔다. 주 7일 하루 24시간 회사와 일만을 생각한 건 아니지만, 최소한 회사에서 근무하는 시간보다는 훨씬 많이 고민하고 일했다고 자부한다. 가끔 실수도 하고 잘못한 적도 있지만, 어느덧 회사의 일원으로서 회사가 성장하고 발전하는 데 기여했다는 자신감도 있다.

평가 시즌이 왔다. 1년 동안 열심히 일하고 성과도 나쁘지 않다. 주변에서도 올해 평가는 잘 받을 거라며 한마디씩 하는데, 문제는 나 스스로 성과를 증명해야 한다는 것이다. 각종 증거 자료는 물론 분명히 성과는 있지만 추상적이라 모호한 부분까지 말이다. 일하는 것보다 일한 성과를 증명하는 것이 훨씬 더 어려운 것 같다.

81

첫 평가, 연말 평가 준비 가이드

자신의 성과를 어떻게 드러내는지가 중요하다

평가 시즌을 맞이하면 평가 준비에 익숙하지 않은 사람은 정신이 안드로메다로 날아가 버린다. 평가 자료를 준비하고 평가 면담을 여러 번 가지면서 당신이 생각한 평가와 회사나 부서가 생각하는 평가 사이에 차이가 크다는 사실을 깨달으면 일할 의욕까지 잃는다. 분명히 쉬지 않고 열심히 일한 것 같은데, 뭐가 문제인지 감도 안 잡힌다.

회사에서 평가는 보통 1년 단위로 이루어지며 연말이나 연초에 진행되는 경우가 많다. 한 해 동안 회사와 서로 합의해 정한 목표를 얼마나 달성했는지 확인하고, 평가 결과에 따라 연봉과 승진, 업무 조정이나 배치 등이 정해진다. 당연한 이야기이지만 평가 결과가 안 좋다면 직장 생활이 괴로울 수 있다. 물론 늘 좋은 평가를 받다 한두 해쯤 평가를 잘 못 받은 경우라면 어느 정도 수습이 가능하다. 하지만 여러 해 동안 계속 안 좋은 평가를 받는다면 차라리 이직해 다른 곳에서 인정받고 성장하는 것이 나을 수도 있다. 하지만 평가를 잘 받는 사람은 꾸준히 잘 받는 경향이 있고, 이 회사에서 평가가 안 좋았던 사람은 옮겨서도 안 좋은 경우가 많다. 이유는 둘 중 하나다. 원래 일을 못하거나, 아니면 자신의 성과를 제대로 표현하지 못하는 것이다.

평가에 잘 대비하려면 처음에 목표 세팅부터 잘해야 한다. 일반적으로 다음 해 사업계획을 준비하고 확정하면서 회사와 부서의 목표가 결정되는데, 목표를 달성하기 위해 개인 단위로 해야 할 일과 이뤄야 할 성과를 정리하게 된다. 이것이 다음 해에 당신을 평가하는 목표 세팅의 기본이 된다. 여기에 회사의 목표와 직접 연관되지는 않지만 챙겨야 할 업무를 중심으로 평가 목표가 추가되고, 직급이나 위치에 따라 리더십 항목이나 역량 향상 항목이 추가된다. 목표 세팅은 당신이 소화할 수 있는 선에서 합의되어야 한다. 팀장과 먼저 상의해 결정하고 직속 보고라인 의사결정권자의 최종 결재로 세팅이 완료되는데, 처음부터 소화할 수 없는 수준으로 목표가 설정되면 아무리 잘해도 결국 달성하지 못하고 평가는 당연히 안 좋아진다. 그렇다고 목표를 낮게 세팅하라는 말은 아니다. 또 어차피 조직에서 목표를 높게 잡아 줄 것이다. '현실적'이라는 말은 '쉽게'라는 의미가 아니다. 평소 하던 대로 하면 중간 정도 평가를 받고, 한계치까지 올라가면 높은 평가를 받을 수 있는 목표와 평가 지수가 세팅될 것이다.

요즘은 평가 방식과 기준이 회사별로 워낙 다양하고 유행을 타는 면도 있어서 어떻게 준비하라고 한마디로 이야기하기 어렵지만 큰 틀에서 변하지 않는 것이 있다. 무조건 성과를 내야 한다는 것이다. 당신에게 주어진 평가 항목과 목표는 철저히 성과로만 증명된다. 달성하지 못했다면 합당한 이유가 있어야 한다. 성과 평가와 역량 평가를 나눠서 하는 곳도 있고, 수치로 증명 가능한 부분과 아닌 부분을 나눠 정량 평가와 정성 평가를 하는 곳도 있고, 철저히 육성 차원에서만 접근한다는 목적으로 성장 목표를 바탕으로 평가하는 곳도 있지만, 결국 평가받을 때 가장 명확하게 증명할 수 있는 것은 성과이기 때문이다. 평가 기준을 기반으로 어떻게 일했고 어떤 노력을 했으며 얼마나 성과가 나왔는지 팩트를 기반으로 상세히 이야기해야 공정하게 평가받을 수 있다.

82

첫 평가, 일한 만큼 인정받기

평가를 위해 자신을 드러내는 일에 익숙해져야 한다

평가를 잘 받기 위해 일하는 것은 아니지만, 일한 만큼 제대로 평가를 받아야 한다. 이 말을 강조하는 이유가 있다. 우리나라 사람은 일반적으로 자신을 드러내고 표현하는 데 서툰 경우가 많기 때문이다. 물론 제대로 한 것도 없으면서 모든 일을 다 한 것처럼 떠벌리는 밉상도 곳곳에 있지만 말이다. 이런 밉상이 말만으로 좋은 평가를 받으면 억울할 것이다. 하지만 결국에는 허세와 거품이 싹 빠지고 제대로 된 평가를 받게 될 것이다.

주위 사람들이 어떻게 표현하고 평가를 받는지 신경 쓰지 말자. 회사의 조직 구조와 운영, 조직 문화와 향후 사업 전략에 따라 인력 운영 전략이 결국 평가에도 영향을 미치고 평가 내용이 회사 사람들에게 영향을 주는 것은 사실이지만, 기본적으로 평가는 철저히 당신과 회사 둘 사이의 문제다. 회사의 인력 운영 전략은 개인의 노력이나 의사와는 무관한 요소이기 때문이다.

평가를 제대로 받기 위해 해야 할 첫 번째는 마음가짐을 바꾸는 것이다. 일한 만큼 인정받으려면 적극적으로 당신을 어필해야 한다. 목표를 세팅하는 단계에서는 그저 지시만 따를 게 아니라 당신의 의견과 하고 싶은 것 혹은 해야 하는 것을 적극적으로 제시하면서 최대한 반영한다. 격렬한 토론이 벌어질지도 모르지만 팀장이나 부서원과 논의하면서 맞춰 나가는 과정 자체도 역량 향상에 도움이 된다. 그렇게 적극적으로 이야기하지 않으면 당신의 평가 항목과 목표임에도 다른 사람 일처럼 느껴질 수 있다. 그리고 당신의 의견을 반영해야 당신이 해낼 수 있는 현실적 목표를 세팅할 수 있다.

주기적으로 진행되는 평가 면담이나 중간 평가, 연말 최종 평가 때뿐 아니라 일을 하면서 크든 작든 성과가 나오면 언제든 팀장과 직속 보고라인, 부서원에게 적극적으로 어필해야 한다. 이번에 어떤 목적으로 어떤 일을 했는데 어떤 성과가 나왔다고 직간접적으로 자랑하는 게 좋다. 가끔은 유별나다는 소리를 들을 수도 있겠지만, 일해서 낸 성과이기 때문에 주위에서 뭐라 할 이유가 없다. 오히려 당신을 응원하고 도와주려는 사람이 늘어난다. 열심히 일하고 성과를 내는 사람과 함께 일하고 싶은 마음이 생기는 것은 당연하다. 또한 평소 일 잘하는 사람이라는 이미지를 심어 주는 데도 효과적이고, 당신의 노력과 성과를 주위 사람들이 많이 알게 되기 때문에 실제 평가를 받을 때 설명하고 증명해야 하는 노력도 줄일 수 있다.

83

첫 평가, 평가는 연중무휴

평소에 업무 내용과 성과를 꼼꼼히 기록해야 한다

평가 시즌만 되면 자신의 기억력을 탓하게 된다. 1년 동안 정말 많은 일을 했는데 막상 떠올리려고 하니 머릿속이 하얗다. 평가 항목에 맞춰 내용을 채우고 자료도 준비해야 하는데 좀처럼 진도가 안 나간다. 유튜브 동영상처럼 기억을 재생할 수만 있다면 앞으로 돌려 확인하고 싶다.

당신뿐 아니라 직장인이라면 흔히 경험하는 일이다. 정말 기억이 하나도 안 난다. 오히려 평가와 별로 관계없는 일이나 실수나 사고는 또렷하게 생각나는데 말이다. 이런 일을 방지하기 위해 평소에 업무 내용과 성과를 기록하는 습관을 갖는 것이 좋다.

하지만 말은 쉬워도 실천하기는 참 어렵다. 정신없이 바쁘게 일하다 끝나면 홀가분한 마음에 후딱 머릿속에서 지워 버리고 새로운 일을 시작한다. 그런 마음은 충분히 공감이 되나, 마무리한 일과 성과를 날짜별로 기록해 두는 습관은 필요하다. 아직 성과가 나오기 전이면 한 일만 적어 두고, 향후 성과가 나왔을 때 그 옆에 기록해 두면 된다. 귀찮은 작업이지만, 습관이 되면 한 건을 기록할 때 보통 1~2분도 걸리지 않는다. 반면 평가 시즌에 한꺼번에 몰아 적으려 하면 최소 2~3일은 족히 걸릴뿐더러 내용도 부실해진다. 업무 기록은 업무 카테고리와 평가 항목 카테고리를 나눠 같은 주제나 관련된 내용을 시간 순서내로 적는다. 이렇게 정리하면 당신이 맡은 업무 전체의 히스토리를 관리할 수 있고, 평가 시즌에 기록된 내용을 활용해 평가를 준비할 수 있다.

전체 평가는 1년에 한 번 이루어지는 것이 일반적이지만, 회사별로 월별 혹은 분기별, 반기별로 중간 평가를 하는 경우도 있다. 여기에서도 간단히 정리한 평가 관련 기록을 가지고 면담을 하면 훨씬 편하다. 또 이참에 기록을 업데이트한다는 생각으로 빠졌던 내용을 보완하는 기회로 삼을 수도 있다.

중간 평가와 관련한 작은 팁을 하나 더 이야기하면, 팀장과의 평가 면담 시 목표대로 잘되고 있는지, 어떤 문제가 있는지 혹은 평가 항목을 바꿔야 하는지 상의해 결정을 받을 수 있다. 즉, 어느 정도 평가 항목과 목표를 수정할 수 있는 기회도 되고, 당신이 하는 일과 성과를 어필할 기회도 된다는 말이다. 마지막 전체 평가에서 팀장을 비롯한 평가자들이 처음 듣는 얘기가 나오지 않도록 당신의 일과 중간 성과를 꾸준히 이야기해 놓으면 큰 도움이 된다.

84

첫 평가, 근거는 무조건 팩트로

평가 때는 증명 가능한 근거만 제시해야 한다

평가 자료를 작성해 본 경험이 적은 사람은 형용사와 부사를 많이 사용하는 경우가 종종 있다. 예를 들어 '괄목할 만한 성과가 있었다', '많은 관심을 받았다', '고객의 평가가 좋았다'처럼 말이다. 하지만 가장 불필요하고 의미 없는 표현이 바로 이런 것이다.

공정한 평가를 받기 위해서는 무조건 팩트로 이야기해야 한다. 즉, 실제로 무슨 일을 했는지, 어떤 업무에서 어떤 역할을 했는지, 성과에 기여한 부분은 무엇이고 결국에 성과는 어떻게 나왔는지 말하라는 것이다. 그 근거는 최대한 증명 가능해야 한다. 그것이 팩트로 이야기한다는 의미다.

앞서 예를 든 표현을 팀장을 비롯한 직속 보고라인의 평가자 입장에서 생각해 보자.

'괄목할 만한 성과가 있었다'고 하면 그들은 '그래서

구체적으로 무슨 성과가 얼마나 있었다는 거지? 결국 회사가 얻은 것은 무엇이고, 매출이나 수익으로 표현한다면 얼마라는 거지?'라는 생각을 하게 된다.

또한 '(시장에서) 많은 관심을 받았다'고 하면 역시나 그들의 머릿속에선 또 다른 질문이 꼬리에 꼬리를 물 것이다. '관심을 받았다고? 도대체 시장에서 어떤 반응이 나왔고 고객이나 이해관계자가 어떤 관심을 보였다는 거지? 그래서 인지도가 올라가고 시장 점유율이 높아졌다는 말인가? 별로 그렇지도 않은 것 같은데?' 그들은 이런 궁금증을 풀기 위해 당신에게 폭풍 질문을 시작할 것이다.

'고객의 평가가 좋았다'는 말은 어떨까. 역시나 그들은 생각이 복잡하다. '고객 평가가 어떻게 좋았다는 거지? 구체적으로 어떤 부분이 좋았고 어떤 부분이 안 좋았다는 걸까? 그래서 주변에 우리 상품과 서비스를 추천할 의향이 있다는 건가? 매출이 증가한 것을 보면 그럴 것 같기는 한데…'

당신은 결국 평가자에게 내용이 구체적이지도, 명확하지도 않으니 다시 정리하라는 지시를 받을 것이다. 그 정도 수준이면 평가자가 어떻게 정리해야 하는지 알려 줄 수도, 하나하나 질문하면서 직접 내용을 바로잡아 줄 수도 없다. 휘하의 모든 직원과 면담을 진행하고 평가해야 하는 그들이 당신만 따로 가르치고 있을 수는 없지 않겠는가?

따라서 평가에 대비해 미리 업무와 성과를 기록할 때도 그렇고, 평가 자료를 준비할 때도 실제로 한 일을 가감 없이 기록하고 정량화 가능한 성과는 수치로 정리해야 한다. 하지만 모든 것을 수치로 환산하기는 불가능하므로, 근거로 삼을 만한 사내외 고객이나 이해관계자의 이야기 혹은 언론사나 전문가같이 신뢰할 만한 기관이나 사람이 제시하는 이야기 등을 활용하는 것이 좋다.

추가로 팁을 하나 더 주면, 당신의 평가 항목과 성과를 설명할 때 팀이나 부서, 타 부서나 회사 차원에서 관리하는 평가 항목과 지수를 참고해 당신 업무와 연계성이 높다면 활용하는 것도 효과적이다. 예를 들어 영업부는 아니지만 당신의 활동이 영업에 도움을 주고 매출에 영향을 미친 것이 명확하다면, 당신의 평가 항목과 목표는 아니더라도 영업 실적을 평가 근거로 제시할 수 있다.

85 -
87

첫 사업계획,
미래를 준비하는
CEO처럼

평가와 더불어 사업계획도 회사에서 가장 큰 연중행사다. 빠르면 8월 말, 늦어도 9월에는 시작해 내년에는 어떤 방향으로 사업을 추진하고 어떻게 운영할지 전사 차원에서 계획을 수립한다. 큰 틀과 방향은 보통 전략 부서에서 잡고, 이와 연동해 각 사업부부터 하위 조직까지 업무가 내려온다.

당신이 전략 부서나 사업부 직원이 아니라면 먼 이야기처럼 들리겠지만, 전체 방향성에 맞춰 업무를 짜야 하기 때문에 어느 정도 귀동냥을 할 필요는 있다.

여기에서 전사 차원의 전략과 계획을 사업부가 거시적인 관점에서 어떻게 짜는지는 다루지 않을 것이다. 대신 어떻게 사업계획을 수립하는지 실무적 관점에서 살펴보겠다.

85

첫 사업계획, 사업계획서 작성 준비

사업계획서 양식과 작성 방법을 확인한다

사업계획서를 작성할 때 굳이 당신의 창의력을 발휘할 필요는 없다. 전사적으로 정해진 형식이 있어 그것을 채우기만 하면 되기 때문이다.

막상 사업계획서 양식을 받아 보면 '업무가 다 다른데 어떻게 똑같이 채우라는 거야?' 싶을 것이다. 당신의 업무를 억지로 양식에 우겨 넣자니 내용을 제대로 표현하기 어렵다. 차라리 자유 양식이면 좋겠다는 생각도 든다.

하지만 사업계획서는 정해진 양식을 철저하게 따라야 한다. 사업계획은 상위 부서부터 하위 부서, 그리고 그 구성원까지 전사적으로 한 방향성을 갖도록 계획하고 가이드를 세우는 것이기 때문이다. 또한 사업계획서는 내년에 회사를 어떻게 이끌어 갈지 결정하기 위한 자료이기도 하다. 즉, 사업계획은 말 그대로 내년 사업에 대한 계획이자 회사

전체가 나아갈 방향과 세부 실행 방안을 제시하는 것이다. 그래서 의사결정권자를 중심으로 최대한 많은 사람이 이해하기 쉽도록 작성 양식을 통일하는 것이다.

부서나 팀에 사업계획 수립 지시가 내려오면 보통 선임급이 팀장과 함께 사업계획 업무를 주관한다. 전체 부서원에게 양식과 작성 방법을 알려 준다. 만약 회의에서 이야기하지 않는다면 이메일로 관련 내용을 양식과 함께 공유해 줄 것이다. 당신이 팀장과 함께 부서 사업계획을 주관해야 한다면, 사업부의 주관팀이나 담당자에게 양식과 지침을 받아 먼저 작성 방법을 자세히 알아보고 부서에서 공유해야 한다.

사업계획서를 정리하고 취합하는 과정에서 내용이 겹치거나 조정이 필요하면 부서 내 주관자가 팀장과 함께 해당 업무의 실무자와 논의한다. 이렇게 실무 부서에서 작성된 사업계획서는 상급 부서로 보내지고, 상급 부서는 의사결정권자에게 전달하는데, 이 과정에서 사업계획서가 반려되는 경우가 허다하다. 회사의 방향성과 일치하지 않는다는 피드백이 대부분으로, 사업계획이 완료될 때까지 다시 작성하고 보고하고 피드백 받고 또 다시 작성하는 과정이 지루하게 반복된다.

사업계획은 일반적으로 11월 말경이면 마무리되지만, 예산 계획은 1월을 넘기는 경우도 많다. 사업계획은 수개월에 걸쳐 진행하는 장기 프로젝트에 가깝다. 전사적으로 완료될 때까지 수시로 업무 요청을 받을 수 있으니 보완 작업에 너무 스트레스받지 않는 게 좋다.

86

첫 사업계획, 작성 노하우

사업계획은 숫자가 핵심이며 동일한 스토리라인을 갖는다

사업계획에는 필수로 내년도 목표 매출과 수익, 예산과 비용이 들어갈 수밖에 없다. 문서에 이렇게 숫자가 찍혀 있으니 회사에서는 내년도 성장을 위해 실무 부서를 압박하게 되는 것이다.

　동남아 여행을 가서 시장 구경을 한 적이 있을 것이다. 마음에 드는 물건이 있어 상인과 흥정을 시작한다. 당신은 가격을 최대한 낮추려 하고, 상인은 최대한 높게 받으려 한다. 한참을 실랑이하며 서로 부른 가격의 중간 정도에서 팽팽히 대립한다. 당신이 거기에서 조금 낮춰 부르자 상인이 그렇게 하자고 한다. 거래는 성사되었고, 당신은 돈을 지불하고 물건을 받아 숙소로 돌아온다. 그런데 뭔가 찝찝하다. 가격을 더 낮췄어도 되지 않았을까?

　상인을 회사로 바꿔 보면, 당신과 회사가 사업계획 목표를 위해 협상하는 것도 마찬가지다. 어떻게 목표 숫자를 협상해야 하는지는 따로 언급하지 않겠다. 앞서 '첫 평가'에서 연초 목표 세팅에 관해 설명했는데, 이것도 현실적인 평가 목표를 설정하고 협의하는 것과 똑같다. 다음에 이야기하겠지만, 평가와 사업계획을 이어서 다루는 이유가 있다. 당신의 평가 항목과 목표가 사업계획과 긴밀하게 연관되어 있기 때문이다.

개인이나 부서는 목표 수치를 최대한 부담 없고 유리하게 잡으려 하고, 회사는 최대한 고성과를 내도록 잡으려 한다. 영업 부서라면 매출과 수익, 시장 점유율을 낮춰 잡아 달성하기 편하게 하려고 할 것이고, 회사는 수치를 최대한 올려 잡도록 할 것이다. 마케팅 커뮤니케이션 부서라면 리서치 비용과 광고비를 최대한 확보하고자 하겠지만, 회사는 비용 절감 차원에서 최대한 예산을 자르려 할 것이다. 이를 철저히 근거에 기반해 서로를 설득해야 하니 논의와 조정이 길어질 수밖에 없다. 그래서 예산안은 다음 해 1월 이후에 결정되는 일이 다반사다.

사업계획을 세우고 내용을 채우다 보면 알겠지만, 결국 가장 중요한 것은 '숫자'다. 그리고 사업부의 계획이든, 부서의 계획이든, 직원의 계획이든, 심지어 계획의 세부 항목까지도 극단적으로 단순화하면 모두 똑같은 스토리를 갖는다. 이 스토리로 풀어내면 어떤 양식에든 대부분 적용된다.

○○○한 배경과 ○○○한 목적으로 ○○○을 기획하고 ○○○(숫자) 비용을 들여 실행해 회사에 ○○○(숫자) 효과를 가져오겠습니다.

회사가 영리 목적으로 일을 추진하는 이상 결국에는 돈으로 시작해 돈으로 끝난다고 말할 수 있다. 따라서 업무를 통해 발생하는 모든 숫자 결과치는 가능한 한 금전적 가치로 전환해 표현해야 하며, 궁극적으로 그렇게 해야 사업적인 관점에서 제대로 사업계획을 수립한 것이라 할 수 있다. 팀장 이상 의사결정권자까지 전체 내용보다 숫자, 특히 돈에 관심이 있을 수 있다. 어차피 회사에서 하는 모든 일은 숫자가 가장 명확한 최종 결과물이기 때문이다.

87

첫 사업계획,
사업계획서 작성 추가 팁

사업계획서는 무에서 유를 만드는 작업이 아니다

사업계획서를 쓰다 보면 기시감이 들 때가 있다. 분명히 내년에 할 일과 목표를 적고 있는데 말이다. 결론부터 말하면 이런 기분이 드는 것은 당연하다. 당신이 지금까지 업무를 제대로 처리해 왔다는 증거다.

　사업계획은 회사 전체가 한 방향으로 나아가기 위해 전사의 역량을 모으는 일이다. 따라서 사업계획의 목표로부터 자유로운 직원은 단 한 명도 없다. 사업계획을 수립하는 것은 당신의 업무 평가를 위해 평가 항목을 정하고 목표를 세팅하는 것과 동일한 과정을 거칠 뿐만 아니라 내용도 똑같다. 다른 점은 당신과 부서의 평가 항목과 목표 중 가장 중요하고 사업계획 목표와 직접 연동되는 내용만 사업계획서에 들어간다는 점이다. 그렇기 때문에 사업계획 내용과 당신의 평가 항목이 상당 부분 겹칠 수 있다. 당연히 어디서 본 듯한 느낌이 들 수밖에 없는 것이다. 당신은 이미 비슷한 내용으로 올해 혹은 내년도 평가 내용을 작성했다. 그런 까닭에 다른 관점으로 보면 사업계획은 당신과 회사 간의 강력한 약속이라고 할 수 있다. 당신이 회사를 위해 무엇을 하겠다고 약속하는 것이자 회사도 당신에게 무엇을 해줄지 약속하라는 의미가 될 수 있다.

평가와 관련된 것 이외에도 사업계획에서 기시감을 느끼는 이유가 또 있다. 바로 예전 사업계획서에 들어 있던 내용이 이번 사업계획서에 다시 들어가는 경우다.

회사의 역사가 길수록 수많은 사람이 고민한 흔적이 많이 남아 있을 것이다. 일일 업무에 필요한 참고 자료부터 장기적인 기업 성장 전략까지 말이다. 이런 내용은 문서로 남아 있을 가능성이 크다. 바꿔 말하면, 이런 문서는 당신의 업무에 좋은 참고서가 되며, 당신이 한 번쯤 본 내용이 이번 사업계획에 포함되어도 무리가 아니라는 뜻이다.

그러므로 사업계획을 짤 때는 현재 시점에 걸맞은 새로운 아이디어를 생각하되, 과거 자료도 참고할 필요가 있다. 문서가 작성된 당시에는 시기상조였거나 여러 가지 현실적 제약으로 실행되지 못한 아이디어가 지금은 가능할 수도 있으니 말이다.

비단 사업계획뿐 아니라 다른 기획 업무에도 옛 자료를 참고하면 괜찮은 인사이트를 얻을 수 있다. 과거에서 교훈을 얻어 현재에 적용하는 온고지신의 자세는 아주 중요한 노하우다.

88 – 89

첫 후임,
후배가 인정하는
모범적인 선배처럼

일에 익숙해지고 일을 잘한다는 평판을 받기 시작하면서 기하급수적으로 일이 늘어난다. 정말 해도 해도 끝이 안 날 정도다. 계속 이렇게 일하다가는 죽을지도 모르겠다는 생각이 드는 순간, 회사에서 함께 일하라고 후임을 붙여 준다. 처음에는 너무 좋다. 갑자기 일이 확 줄어 편해지고 나도 더는 막내가 아니라는 생각에 어깨에 힘도 들어간다. 그런데 후임을 가르치면서 일을 하다 보니 이런 생각은 단지 환상이었다는 사실을 깨닫게 된다. 오히려 일하는 데 시간이 더 걸리고 후임이 잘못하면 책임까지 져야 한다. 차라리 혼자 일하는 게 편했다는 생각도 든다. 하지만 후임을 받은 선임으로서의 책임감은 더 힘들어졌음에도 버틸 수 있는 힘이 된다.

88

첫 후임, 후배가 배우고자 하는 것

후임에게는 일 잘하는 방법을 알려 주는 선배가 필요하다

당신은 후임에게 어떤 선배가 되고 싶은가? 건조하지만 스마트하게 업무만 하는 사이? 어렵고 힘들 때 서로 의지할 수 있는 친구 같은 관계? 당신이 입사했을 때 그렸던 이상적인 선임의 모습이 되고 싶을 것이다.

당신이 이상적인 선배의 모습을 어떻게 규정하고 어떻게 노력하든 그건 당신의 자유다. 딱 이것이다 하는 정답은 없기 때문이다. 하지만 회사에서는 선임으로서 당신에게 무엇을 기대할까? 바꿔 말해 회사에서 당신에게 후임을 붙여 준 이유는 무엇일까?

첫 번째는 당신의 업무를 후임에게 가르치는 것이다. 당신의 업무는 점점 많아지고, 회사는 당신에게 더 중요한 일을 맡기고 싶어 후임을 보내는 것이다. 지금 맡은 업무를 하나둘 후임에게 인수인계하고 더불어 후임이 회사와 업무에

잘 적응하도록 만드는 게 회사가 당신에게 부여한 새로운 일이자 책임이다. 그렇게 후임을 성장시키고 나면 당신은 더 크고 중요한 일을 맡게 될 것이다. 후임뿐 아니라 당신이 성장하기 위해서도 반드시 필요한 일이다.

두 번째는 업무 능력뿐 아니라 사람을 다루고 관리하는 리더십 능력을 키우라는 의미다. 회사에서 리더십을 발휘해야 하는 시작점은 부서나 팀을 책임지는 팀장부터라 할 수 있다. 하지만 처음부터 여러 명을 맡아 팀의 성과를 내기란 어렵다. 이 역시 훈련 과정이 필요하다. 그래서 후임을 육성하고 성장시키는 업무를 부여해 리더십을 익혀 나갈 기회를 주는 것이다. 후임을 키우다 보면 별의별 경험을 다 하게 된다. 후임이 잘못하거나 실수한 일로 욕을 먹거나 고생하게 되면 차라리 후임 없이 혼자 일하던 때가 좋았다는 생각도 든다. 하지만 회사에서 당신을 리더로 성장시킬 생각이 없었다면 아예 후임을 붙이지 않았을 것이다. 회사에서 가능성을 인정해 준 것이라 마음 편히 생각하자.

당신의 기억에 남는 존경할 만한 선임은 어떤 모습인가? 지금의 당신이 있도록 일 잘하는 방법을 알려 주고 직접 행동으로 보여 줌으로써 모범이 된 선임일 것이다. 결국 후임이 직장 생활을 하면서 배우고자 하는 것을 가르쳐 주고 회사의 일원으로서 자리 잡을 수 있게 해 주는 선임이 가장 올바른 모습의 선배일 것이다.

89

첫 후임, 중간 입장에서 균형 잡기

후임이 들어오면 윗사람과 아랫사람 사이에 끼게 된다

후임을 받으면 새로운 경험을 많이 하게 된다. 누군가에게 일을 가르치고 공동으로 책임을 지는 일부터 사람을 관리하고 리더십을 익히는 일까지, 또 보고라인에서 윗사람과 아랫사람 사이에 끼어 겪게 되는 일도 있다.

　예를 들어, 당신의 후임이 실수로 공장에 발주를 잘못 내는 바람에 필요 이상으로 많은 상품을 생산하게 되었다고 해 보자. 당연히 1차 책임은 후임에게 있겠지만, 그것을 제대로 확인하지 않은 당신 책임도 피할 수 없다. 보고받은 팀장은 후임을 불러 화를 내며 어떻게 수습할 거냐고 몰아붙인다. 이럴 때 당신은 어떻게 해야 할까? 아니면 후임 대신 당신을 불러 후임 관리를 어떻게 한 것이냐고 책임을 물을 수도 있다. 억울하고 화도 나고 짜증도 난다. 하지만 화를 내는 팀장도, 아무것도 모르고 실수를 한 후임도 이해가 된다. 이것이 바로 중간에 낀 당신의 입장이다. 순간 고민이 될 것이다. 팀장 편을 들 것인지, 후임을 감쌀 것인지.

구체적인 상황에 따라 다르지만 보통은 후임을 감싸는 것이 먼저다. 후임의 실수나 잘못 자체를 부정하고 무조건 편을 들라는 것이 아니다. 당신도 후임에게 쓴소리는 해야 한다. 그렇지만 이미 벌어진 사고에는 제대로 확인하지 않은 당신의 부주의도 있다는 사실을 잊어서는 안 된다.

후임과 당신의 공동 책임임을 팀장과 후임 모두에게 이야기하고, 후임과 함께 사고를 수습한다. 당신에게 화를 내긴 했지만, 결국 팀장의 관심사는 이미 벌어진 사고를 수습하고 후속 조치를 취하는 것이다. 후임을 감싸고 달래는 동시에 문제 해결에 집중한다면 당신은 중간자로서 양쪽 모두를 잘 챙긴 것이다.

후임은 당신과 함께 사고를 수습하는 과정에서 일을 배울 수 있는 기회를 얻을 것이다. 게다가 앞으로 벌어질 각종 사건과 사고에 대처하는 노하우도 당신을 통해 배울 수 있다.

당신도 후임을 대하는 태도로 리더십을, 문제 수습 방식으로 업무 역량과 문제 해결 능력을 팀장과 회사에 어필할 수 있는 기회가 될 것이다.

결국 당신은 누구 편도 들지 않았다. 양쪽을 살피며 그들에게 필요한 것이 무엇인지에만 집중해 감정을 앞세우지 않고 일을 통해 해결했다. 중간 입장에서 균형은 이렇게 잡는 것이다.

90 –
92

첫 팀장,
팀원의 존경을 받는
멋진 리더처럼

드디어 팀장이 되었다. 처음 직장 생활을 시작해 허둥대던 시절이 엊그제 같은데 한 조직을 책임지는 직책을 맡았다. 그사이 후임도 여러 명 키웠고 프로젝트도 진행해 봤지만, 한 팀을 맡아 이끌어야 하는 중요한 자리를 맡게 되었다는 사실이 아직도 믿기지 않는다. 처음 입사했을 때와 비슷한 기분이다. 설레기도 하지만 긴장도 많이 된다. 과연 여러 사람을 책임지고 이끌 수 있을까 두렵기도 하다. 늘 그렇듯 처음이 어렵다. 지금까지처럼 당신은 잘해낼 것이다. 팀장은 임원이 될 수 있는 출발점인 만큼 중요하다. 팀장으로서 신경 써야 할 중요한 사항을 알아보자.

90

첫 팀장, 팀장의 의미와 리더십

혼자 일을 잘하는 것은 중요하지 않다

팀장이 되면 처음엔 정말 막막하다. 리더십 관련 서적은 많이 읽었는데, 막상 현실로 닥치니 만만치 않다. 이론과 실제가 얼마나 다른지 실감한다. 어떻게 해야 좋은 팀장이 될 수 있을까?

팀장의 의미를 깊게 고민해 보자. 팀장은 팀원일 때와 달리 자기 일만 잘한다고 인정받는 자리가 아니다. 관리하는 조직 전체가 성과를 내는 것이 중요하다. 따라서 업무의 전문성뿐 아니라 회사 전체에서 조직의 역할을 생각하고, 당신과 팀원 모두가 그 역할을 어떻게 수행할지 고민해야 한다. 즉, 전체 맥락에서 조직의 역할을 명확히 정의하는 것이 첫 번째다. 그래야 당신과 조직에 필요한 역량을 쌓아 갈 수 있다. 좋은 팀장은 단순히 윗사람과 아랫사람 사이에서 잘 처신하는 사람이 아니라 조직을 이끌어 성과를 낼 수 있는 사람이다. 업무 능력과 조직 관리 능력, 커뮤니케이션 능력, 리더십이 모두 필요하다.

　무엇보다 힘들고 화날 때는 바로 말귀를 못 알아듣는 팀원과 마주할 때다. 그런 팀원이 일을 잘하게 하려면 어떻게 해야 할까?

　만약 모든 팀원이 말귀를 못 알아듣는다면 문제는 당신에게 있는 것이다. 자기가 아는 것과 남에게 전달하는 것은 전혀 다르다. 그들 눈높이에서 이해할 수 있도록 커뮤니케이션하고 있는지 먼저 점검해야 한다. 팀원에게 업무를 지시하면서 원하는 방향과 결과물의 이미지를 정확하게 전달했는지 확인한다. 그런 과정을 통해 팀원과의 커뮤니케이션이 원활해지면 일을 잘할 수 있도록 팀원을 육성할 수 있다.

　팀원과의 소통에 문제가 없는데도 일을 못한다면 가장 먼저 팀원 각각의 커리어, 일에 대한 생각과 태도를 확인해야 한다. 단순히 동기부여가 부족한 탓이 아니라 일 자체에 의욕이 전혀 없다면, 억지로 끌고 가는 것이 오히려 당신이나 다른 팀원에게 피해가 될 수 있으니 최대한 빨리 다른 일을 찾도록 돕는 편이 낫다.

　의지는 있는데 동기부여가 안 된 경우라면, 가능한 한 팀원이 원하는 커리어패스에 도움이 될 만한 업무를 주면서 독려할 필요가 있다. 그리고 해당 업무를 잘할 수 있도록 직접 가르치거나 교육 기회를 주어 팀원을 성장시킨다.

　시간이 지나고 직위가 올라갈수록 당신이 도통 이해하지 못했던 예전 팀장들이 왜 그렇게 행동했는지 이해하게 될 것이다. 팀원을 하나하나 이해하고 함께 성장하는 방식보다 채찍질이 더 쉽고 편한 게 사실이니까. 실제로 팀장이 되면 '나는 그러지 말아야지' 하면서도 유혹에 시달린다. 하지만 당신과 팀의 지속 가능한 성장을 위해서는 리더십에 대한 당신만의 신조를 지키는 것이 중요하다.

91

첫 팀장, 조직 관리와 성과 관리

팀장이 가장 먼저 신경 써야 할 것이 사람과 성과다

처음 팀장이 되면 느끼는 감정은 두 가지다. 내가 책임질 사람들이 생겼다는 부담감, 그리고 그동안 꿈꿨던 이상적인 조직을 직접 만든다는 의욕. 지금까지는 일개 사원으로 직장 생활을 해 왔다면, 이제부터는 리더가 되는 첫 걸음을 내딛게 된 것이다.

팀장인 당신에게 회사는 조직과 성과 관리를 요구한다. 이 두 가지가 팀장으로서 당신을 판단하는 기준이자 조직 생활에서 당신에게 요구하는 기준이다.

조직 관리는 쉽게 말해 팀원을 관리하는 것이다. 하지만 단순히 팀원 각각을 관리하는 수준에서 그치는 것이 아니라 그 의미가 더 넓다. 회사라는 조직 특성상 일을 통한 성과가 중요하기 때문에, 각 팀원의 역량과 성격을 모두 고려해 각각의 강점을 최대한 끌어내면서 팀원도 만족할 수 있는 업무 분배를 하고 이를 팀의 성과로 이어지도록 해야 한다. 그러려면 팀원만 살펴봐서는 안 된다. 팀원과 팀원, 팀원과 팀장, 당신 팀과 타 부서 혹은 사외 이해관계자가 서로 어떻게 영향을 주고받으며 성과에 영향을 미치는지 살펴야 한다. 조직 관리는 사람 관리를 넘어 조직 문화 관리, 회사의 일부로서 팀의 존재 목적과 이유까지 만들어야 하는 큰 업무다. 이를 위해서는 처음부터 모든 것을 완벽하게 구성하겠다는 과욕보다 작은 부분부터 잡아 가며 팀장으로서 천천히 경험을 쌓는 마음으로 접근하는 것이 좋다. 대신 팀의 성과가 나오지 않으면 팀이 사라지거나 당신의 뜻과 상관없이 회사에서 팀을 재구성할 수도 있기 때문에 회사에서 원하는 팀의 역할과 기대치에 먼저 맞추는 것이 필요하다. 조직 관리와 조직 문화, 그리고 당신이 꿈꾸는 조직은 그 이후에 조금씩 만들어 가는 것이다.

팀의 존재 목적은 회사가 그 팀에 기대하는 성과다. 아무리 팀워크가 좋고 조직 문화가 즐거워도 성과가 안 나오면 아무 소용이 없다. 영업 부서처럼 직접 돈을 벌지 않는 소위 지원 부서도 마찬가지다. 지원 부서도 회사의 매출과 수익 관련해 직간접적인 성과 지표를 목표로 받는다. 팀장이 되면 팀의 성과 지표를 받는데, 그것이 곧 당신의 개인 성과 지표가 된다. 팀원의 개인 성과 지표는 팀의 성과 지표와 연결되고, 팀원 각각이 성과를 제대로 내야 당신과 팀의 성과가 잘 나올 수 있다. 당신 혼자 잘하면 높은 평가를 받을 수 있었던 행복한 시간은 더 이상 없다.

92

첫 팀장, 타 부서와의 관계 정립

타 부서와의 힘겨루기도 당신이 할 일이다

팀장이 되면 가장 낯선 업무 가운데 하나가 바로 타 부서와의 관계를 정립하는 일이다. 회사에서 대부분의 업무는 타 부서나 조직, 사외 이해관계자와 끊임없이 관계를 맺고 커뮤니케이션을 하면서 이루어진다. 팀장이 아닐 때는 사람과 사람의 관계로 일이 진행되기 때문에 문제가 있으면 상대방을 피하거나 바꿀 수 있었다. 혹은 부서 대 부서, 회사 대 회사의 일이라면 윗사람에게 이야기해 스트레스를 덜 받을 수 있는 방안을 찾을 수 있었다. 하지만 팀장은 다르다. 조직과 조직의 관계로 일하기 때문에 마음대로 할 수 있는 여지도 거의 없고, 업무를 중심으로 힘의 역학 관계까지 발생하는 일도 잦다. 당신이 원하든 원하지 않든 항상 타 부서나 사외 이해관계자와의 관계를 관리해야 한다.

사외 이해관계자의 경우, 회사 대표로서 협상이나 협의를 하는 것이기 때문에 앞서 나왔던 이야기를 참고하면 된다. 여기서는 사내 타 부서와의 관계를 집중해 살펴보자.

부서 간에 가장 흔한 힘겨루기는 업무 분담이다. 팀 고유의 운영 업무를 제외하면 타 부서와 함께하는 업무가 대부분이다. 또한 회사에서 새로운 프로젝트나 사업을 추진하게 되면 가장 먼저 관련 팀을 모아 논의하고 서로 일을 나눈다. 이때 그 일이 팀에 어떤 의미가 있는지, 어떻게 성과를 내서 팀의 존재감을 드러낼지, 팀원에게 어떻게 업무를 분배할지 등을 모두 고려해야 한다. 당신 선에서 해결될 문제가 아니면 보고라인에 보고해 최선의 결과를 만들어 낼 수 있도록 한다. 물론 보고라인이 원하는 결과에 대해서도 사전에 고민하고 미리 의견을 맞춰야 한다.

다른 부서에서 당신의 팀원을 '건드리는' 경우에도 힘겨루기가 벌어진다. 여기서 '건드린다'는 말은 음해하고 괴롭힌다는 뜻이 아니라, 팀장인 당신의 동의 없이 타 부서에서 업무에 당신의 팀원을 이용한다는 뜻이다. 팀장이 허락하지 않았는데 협의된 범위 이상으로 팀원이 타 부서 일을 하고 있다면 팀장으로서 명확하게 정리를 해 줘야 한다. 팀원을 불러 주의를 주고, 타 부서에는 이의를 제기하자. 물론 마음이 불편할 수도 있다. 모르는 사이에 잠깐 도와줄 수도 있지 않나 싶기도 할 것이다. 하지만 단호하게 말하지 않으면 타 부서의 일이 당신 팀의 담장을 넘어올 것이고, 결국 남의 일을 하느라 팀의 성과와 분위기는 엉망이 될 것이다. 팀 내 보고라인이 무너지고 당신의 리더십이 흔들리는 것은 물론이다.

93 -
95

첫 면접관,
정확하고 공정한
심사관처럼

취준생일 때 여러 회사에서 면접을 봤다. 면접장 앞에만 서도 온몸이 굳어 버릴 정도로 긴장되고, 면접장에 들어가면 머릿속이 하얘지며 아무 생각이 나지 않았다. 공부도 열심히 하고 준비도 많이 했는데, 면접관이 질문하면 뇌가 멈춘 듯 뭐라 대답할지 몰랐다. 완전히 바보가 된 기분이었다. 경력직으로 면접을 볼 때는 직장 경험도 있고 면접에도 익숙해져 그때처럼 떨거나 바보 같은 말은 하지 않지만, 어떤 말을 어떻게 해야 할지 고민하고 대답하다 보니 다른 의미로 긴장하는 건 여전하다.

　　이제 연차도 차고 직급도 올라 면접관으로 들어가는 입장이 되었다. 면접을 보던 옛 추억이 스친다. 지원자들에게 편안하게 잘해 줘야지.

93

첫 면접관, 심사 기준

회사에 필요한 인재를 뽑는 데는 명확한 기준이 있다

처음 면접관으로 들어갈 생각을 하니 긴장이 된다. 어떤 사람을 뽑을지, 어떤 기준으로 선발할지, 그리고 무엇보다 선발한 사람이 회사에 정말 도움이 될지… 막중한 책임감이 느껴진다.

회사 규모나 조직 문화에 따라 차이가 있기는 하지만, 채용은 크게 서류 전형과 면접으로 이루어진다. 어떤 기업은 자체 개발한 테스트나 인적성 검사 등을 시행하기도 한다.

기업이 단계별로 채용 심사를 하는 이유는 조직에 적합한 인재인지를 파악하기 위해서다. 즉, 모든 채용 과정은 지원자의 역량과 조직 적합성을 종합적으로 판단하는 과정이다. 아무리 스펙이 좋고 능력이 출중해도 회사와 맞지 않으면 뽑지 않을 것이고, 역량은 조금 부족해도 회사의 인재상에 적합하다면 발전 가능성을 보고 채용할 것이다.

지원자가 어떤 사람인지는 서류와 기타 테스트로 어느 정도 판단이 가능하지만, 좀 더 깊이 있게 파악하기는 어렵다. 그래서 1차 혹은 2~3차까지 면접을 보고 지원자를 가려낸다. 조금 과장하자면 면접이야말로 인재 채용의 핵심이라 할 수 있다.

면접관으로서 지원자를 평가할 때 첫 번째로 생각해야 할 기준은 '지원자가 우리 회사와 잘 맞는가'다. 아무리 뛰어난 인재라도 우리 조직과 안 맞으면 아무런 소용이 없다. 자신의 역량과 에너지를 자기 성장과 회사 발전에 집중하지 않고 전혀 관계없는 일에 낭비할 수도 있고, 최악의 경우 조직 부적응자가 되어 얼마 못 가 퇴사할 수도 있기 때문이다.

두 번째는 현재 지원자의 역량이나 가능성이다. 입사해 곧바로 일에 투입되든 어느 정도 적응할 시간을 갖든, 기본 역량과 가능성이 없으면 일을 할 수 없다. 아무리 성격 좋고 뛰어난 사람이라도 회사에서 필요로 하는 역량을 갖추지 못했다면 아무 소용 없다.

세 번째는 인성과 태도를 포함한 기본기다. 회사와 잘 맞고 회사에서 필요한 역량이나 가능성을 갖고 있더라도 일반적이고 상식적인 기준에 맞는 생각과 행동, 문제에 부딪혔을 때 해결하는 능력, 사람들과 어울리는 태도 등 한마디로 기본기라 불리는 자질이 부족하면 선발해선 안 된다. 회사에서 문제를 일으키거나 사고를 치는 사람은 대부분 이런 자질을 갖추지 못했기 때문이다.

94

첫 면접관, 지원자 파악 노하우

지원자를 정확하게 파악하기 위한 각종 노하우가 있다

면접관이 되면 회사로부터 면접 가이드라인을 받거나 면접관 교육을 받는다. 회사가 지향하는 가치, 원하는 인재상, 지원자가 갖춰야 할 요소 등에 대한 설명을 듣고 거기에 맞게 심사하도록 안내받는다. 또 현재 회사에 어떤 분야의 어떤 역량을 가진 인재가 필요한지도 교육받는다.

일반적으로 관련 분야 면접관을 배치하기 때문에 지원자의 역량 파악은 상대적으로 쉬운 편이다. 면접관이 그 분야에 대해 지원자보다 더 잘 알고 있을 가능성이 높기 때문이다. 업무와 관련해 필요한 역량을 실제로 갖추었는지 질문을 통해 파악할 수 있다. "당신이 했다는 프로젝트에서 정확히 어떤 일을 했고 기여한 바는 무엇인가요?"처럼 구체적으로 질문하는 것이 좋다. 기여한 바, 즉 최종 결과물에 대해 자세히 답하도록 질문해 지원자가 얼마나 과장했는지 혹은 거짓말을 했는지 알아내는 것이다. 이를 통해 상세하게 지원자의 역량을 파악할 수 있고, 얼마나 솔직하게 말하는지에 따라 인성과 태도, 기본기도 엿볼 수 있다.

또 다른 방법은 지원자에게 2단계, 3단계로 질문하는 것이다. 즉, 질문을 던지고 답변을 들은 뒤 그 답변에 대한 질문을 이어서 두 번 세 번 하는 것이다. 이렇게 하면 지원자의 생각이나 실제 역량이나 한 일을 정확하게 파악할 수 있다. 질문이 반복될수록 구체적으로 답해야 하기 때문에 생각을 속이기 어렵고, 책에서 본 내용이나 어디서 들은 이야기, 공부한 내용 등 간접 경험만으로 대처할 수 없기 때문이다.

지원자의 역량 파악은 어느 정도 가능할 것 같은데, 회사에 필요한 인재상에 맞춰 뽑는다는 것은 여전히 추상적으로 느껴진다. 하지만 특별히 걱정할 필요는 없다. 당신의 회사가 중견 기업 이상이라면 구체적인 면접 질문과 평가 기준표가 있을 테니 거기에 따르면 된다. 만약 그것만으로는 잘 이해되지 않거나 심사가 어려울 경우, 채용을 주관하는 인사 담당자나 면접 경험이 풍부한 선임 혹은 동료에게 물어보면 좋은 의견을 들을 수 있을 것이다.

무엇보다 당신이 직접 회사 생활을 하며 느끼고 경험했던 바를 면접에 투영하면 적합한 인재를 뽑기가 수월하다. 회사 규모가 작으면 면접 가이드가 없을 수도 있다. 이런 경우 당신이 회사 생활을 하면서 겪었던 사람들을 떠올려 보고, 어떤 사람이 역량을 발휘하고 잘 적응했는지 나름의 기준을 세워 본다. 면접관이 될 정도면 당신은 이미 회사에 적합한 인재라는 의미이니, 당신이 세운 기준이 곧 회사가 원하는 인재상에 대한 기준이다.

95

첫 면접관, 팀원 선발 시 주의 사항

당신과 일할 팀원을 뽑을 때는 추가로 고민할 사항이 있다

당신이 면접관으로 들어간 자리에서 당신 부서나 팀에 채용할 직원을 선발해야 하는 경우가 있다. 당신이 직접 데리고 일할 사람이니 아무래도 더 신경이 쓰일 것이다. 팀원을 뽑게 되었을 때 생각해야 할 사항을 살펴보자.

미리 이상적인 팀을 구상해 놓고 거기에 맞춰 사람을 뽑으면 현실적으로 잘 안 될 가능성이 크다. 그보다는 팀에서 세운 기획을 기존 팀원들과 실행해 본 후 실무에서 진짜 필요한 인재를 명확하게 정의한 뒤에 거기 맞는 사람을 선발해야 한다.

또한 당신의 기대치에 딱 맞는 이상적인 인재를 뽑으려는 기대도 접는 것이 좋다. 중요한 것은 기존 팀원과의 조화다. 즉, 조직 적합성은 두 눈 부릅뜨고 꼼꼼히 살피되 역량에는 한쪽 눈을 감자. 역량이 부족한 직원은 당신의 시간만

소진시키지만, 조화를 이루지 못하는 직원은 당신의 열정과 에너지까지 소모시킨다.

면접에서 질문이 집중되어야 하는 영역은 스펙이 아니라 이력에서 그 사람이 (학교 동아리 활동이나 인턴 경험 등을 통해) 실제로 수행한 '역할'이다. 스무고개를 해도 좋으니 그 사람이 리더였는지, 그저 주어진 업무를 했는지, 업무에 자기 의견과 의지를 반영했는지 등을 최대한 꼼꼼히 확인해야 한다. 이 정도의 압박을 못 견디는 지원자라면 뽑을 이유가 없다.

채용은 어차피 복불복이다. 채용 후엔 거리를 유지하자. 면접에서 문제점이 드러나는 사람은 안 뽑으면 그만이지만, 대부분 진짜 문제는 함께 일해 봐야 알 수 있다. 역량 역시 마찬가지다. 채용했다고 해도 진짜 역량이 어떤지는 모른다. 감정적으로 냉정한 거리를 유지하고, 신규 입사자로 인해 전체 일정이 완전히 꼬이지 않도록 미리 대비하는 게 맞다.

지원자는 누구나 반듯하고 역량 있는 모습을 보여 주려 한다. 그러다 보니 괜찮아 보여 뽑았는데 실제로 같이 일해 보니 영 아닌 경우도 있다. 이런 사태를 피하려면 어떻게 해야 할까?

일단 면접에 들어오기 전에 보이는 모습을 유심히 살펴보자. 이런 사람의 성향은 일상생활에서 무심코 드러나기 때문이다. 면접 약속을 잡는 과정, 연락했을 때 보이는 태도, 이메일의 행간 등을 꼼꼼하게 보자. 그리고 면접 대기실에서의 모습도. 안내자에게 보이는 태도와 면접관에게 보이는 태도가 다르다면 충분히 의심해 볼 만하다.

면접에서는 업무 관련 질문에 개인적인 질문을 섞어

물어보자. 지원자가 예상치 못한 타이밍에 취미나 좌우명에 대한 질문을 던져 보는 것이다. 돌발적인 질문이라 포장된 모습보다는 본래 모습을 드러낼 확률이 높다.

지원자의 이력에 대해 스무고개하듯 이어서 질문을 던져 보자. 그러면 면접관이 본인에게 딴지를 건다는 생각에 당황해 민낯을 드러낼 수 있다.

96 - 99

첫 팀원 평가,
누구든 납득하는
올바른 평가자처럼

팀장이 되면 가장 큰 변화 중 하나가 바로 '평가자'가 된다는 것이다.
누군가에게 평가를 받던 입장에서 소속 팀원을 직접 평가하는 입장이
되는 것이다. 평가 권한은 생각보다 많은 것을 포괄한다. 팀원 채용부터
평가까지의 권한, 즉 인사권을 갖게 된다.

　　물론 팀장이 마음대로 모든 것을 결정할 수 있는 것은 아니며,
직속상관과 인사팀도 관여한다. 하지만 팀장이 조직을 직접 이끌며 성과를
내고 책임을 져야 하기 때문에 가장 강력한 권한을 갖는 것은 사실이다.
또한 평가는 팀원 개개인의 연봉부터 승진까지 직장 생활 전반에 영향을
주는 권한이다. 그러므로 누구보다 공정하게 평가하고, 그 결과를 팀원에게
잘 납득시켜야 한다.

96

첫 팀원 평가,
명확한 평가 기준 수립

공정한 평가를 위해 명확한 기준부터 세워야 한다

정확하고 공정하게 평가하기 위한 첫 단계는 평가 기준을
제대로 만드는 것이다. 앞서 이야기했던 '첫 평가'를 떠올려
보자. 그때 당신은 평가를 받는 입장에서 해야 하거나 생각해
봐야 할 것에 대해 고민했다. 평가의 기본 진행 과정은 그때와
똑같다. 다른 점은 이제 평가를 해야 하는 입장이라는 것이다.
이 부분을 하나씩 짚어 보자.

　평가 항목과 목표 세팅 시즌이 되면 팀원이 하나둘 향후
1년 동안 할 일과 목표를 정리해 가져올 것이다. 그러면
당신은 회사와 팀의 사업계획과 각 팀원의 업무가 직간접으로
연계되어 있는지 먼저 살펴봐야 한다. 만약 그렇지 않은
업무와 목표가 있다면 과감하게 잘라야 한다. 개인 평가
항목과 목표는 당연히 회사가 지향하는 방향성과 연결되어
있어야 하기 때문이다. 당신도 팀원과 마찬가지로 회사로부터

돈을 받는 월급쟁이이자 상급자로부터 평가를 받는
대상이지만, 팀원을 평가할 때는 회사 입장에 서야만 한다.

　　팀원은 평가를 잘 받기 위해 새롭고 어려운 과제보다는
이미 익숙하고 잘하는 일을 바탕으로 비교적 달성하기
수월한 목표를 가져올 것이다. 당신도 팀원일 때 그랬듯이
말이다. 당신은 회사와 팀원 중간에서 회사가 최고의 성과를
낼 수 있도록 고민하는 동시에 팀과 개인이 실제로 해낼 수
있는 정도를 판단해야 한다. 팀장으로서 사업계획을 수립할
때도 마찬가지다. 팀원 입장만 우선하면 십중팔구 회사에
보고하기 민망한 수준의 업무량과 목표가 나와 팀의 존재
가치 자체를 의심받게 될 것이고, 회사 입장만 우선하면 팀과
팀원의 업무가 가중되어 심각한 불만이 터져 나올 것이다.
최악의 경우 목표를 달성하지 못해 고생은 고생대로 하고
팀과 팀원 평가는 엉망이 될 수도 있다. 일반적인 평가 방식은
팀과 개인의 역량을 기준으로 현실적인 목표를 100으로 잡고
80~120으로 목표에 가중치를 둬서 평가받을 수 있도록 하는
것이다. 회사마다 평가 기준과 평가 항목 가중치가 다르긴
하지만, 일반적으로 많이 사용하는 방식이니 평가에서
당신만의 기준을 잡는 데 도움이 될 것이다.

　　평가 기준을 만들 때 고려할 또 다른 사항은 당신이
추구하는 이상적인 팀의 모습을 적용하는 것이다. 이는
회사나 사업부가 추구하는 바를 평가 기준에 적용하는 것과는
다른 문제다. 당신이 회사에 소속되어 있는 이상 회사의
기준에 맞추는 것은 당연하다. 따라서 이 말은 팀을 관리하고
운영하면서 당신이 중요하다고 생각한 역량이나 인성,

태도와 기본기를 팀원 평가 항목과 목표에 녹여 넣으라는 뜻이다. 팀은 어느 정도 독립적인 조직이기 때문에 당신의 개인 성향을 담아 운영할 수 있다. 리더십은 사람마다 다르기 마련이다. 누군가에게 맞는 리더십 스타일이 당신에게는 맞지 않을 수도 있다. 따라서 조직을 잘 이끌기 위해서는 당신만의 리더십을 발휘하기 좋은 환경으로 팀을 세팅해야 한다. 그 한 방법이 바로 팀원의 평가 항목과 목표에 당신이 원하는 것을 반영하는 것이다. 그렇게 하면 팀을 관리하는 데 스트레스를 적게 받을 수 있고, 팀원도 당신의 스타일을 이해하고 당신의 생각과 행동을 예측할 수 있어 서로 불필요한 감정이나 에너지 소모를 하지 않을 수 있다.

97

첫 팀원 평가,
평가 기준의 일관성

평가 기준이 일관되어야 불만이 없다

당신이 팀원이었을 때 평가받았던 일을 떠올려 보자. 언제 공정하고 언제 불합리하다고 느꼈는가? 그때를 떠올리며 팀원의 입장에서 평가에 임한다면 이미 절반은 성공한 것이다.

당신이 팀원으로 평가받으면서 가장 스트레스를 받았던 일은 무엇인가? 여러 가지가 떠오르겠지만, 평가 항목과 목표를 수립하고 거기에 맞춰 열심히 일하는데, 중간 평가 때 혹은 최종 평가 때 기준이 불분명해지거나 기준 자체가 바뀌었던 일일 것이다. 열심히 일하고 성과도 잘 냈다고 생각했는데, 마치 '닭 쫓던 개'가 된 듯해 허탈했을 것이다. 평가가 안 좋거나 기대만큼 나오지 않은 것은 당연하고 말이다.

따라서 평가 기준의 일관성을 유지하는 것은 매우 중요하다. 처음에 명확한 기준을 세우는 것도 중요하지만,

처음부터 완벽할 수는 없다. 얼핏 보면 평가 기준 자체는 문제가 없어 보일 수도 있지만, 언제 어떤 상황인지에 따라 혹은 사람에 따라 평가 기준을 다르게 해석할 수 있다. 즉, 평가 기준은 같지만 평가자에 따라 평가 내용이 바뀔 수 있다는 말이다. 더구나 팀원 평가를 많이 해 본 베테랑 팀장이 아니라면 빈틈이 많을 수밖에 없다.

어떻게 하면 평가 기준의 일관성을 유지할 수 있을까? 팀원과 평가 기준을 함께 세팅할 때 완벽하게 하면 좋겠지만 불가능한 일이므로 주기적으로 진행하는 팀원 면담이나 중간 평가를 적극 활용하는 것이 좋다. 처음 세팅할 때 놓쳤던 부분이 발견되면 팀장과 팀원이 논의해 평가 기준에 대한 해석이 달라지지 않도록 계속 맞춰 나가는 작업이 필요하다. 특히 팀원에게 평가 기준에 문제가 생겼거나 다른 의견이 떠오르면 언제든 자신과 상의하도록 이야기해 두는 것이 좋다. 팀장은 팀 전체의 일을 살피면서 회사와 산업, 시장의 움직임까지 동시에 봐야 하기 때문에 놓치는 일이 많지만, 팀원은 실제 자기 업무를 하면서 평가 목표를 꾸준히 살피기 때문에 문제를 알아챌 기회가 많다. 더구나 자신의 평가와 직결되는 일이니 더욱 신경 쓸 것이다.

단순히 평가 기준에 대한 해석 문제라면 그 기준을 그대로 두어도 되지만, 회사나 산업, 시장 상황이 바뀌거나 팀원의 업무가 달라진 경우라면 평가 기준을 다시 세우고 평가 항목과 목표도 수정해야 한다. 보통 중간 평가 때 가능하니 그 전에 문제를 인지하고 미리 준비해 두었다 평가 때 인사팀과 직속 보고라인과 상의해 수정한다.

마지막으로 당신이 원하는 이상적인 팀의 모습과 관련한 부분이다. 당신이 추구하는 바를 팀에 투영했기 때문에 그것이 공식적 혹은 비공식적으로 평가 기준에 반영된다. 따라서 당신이 추구하는 팀의 모습이 자주 바뀌면 팀원은 혼란스러울 수밖에 없다. 평가 기준의 일관성은 조직과 관련된 모든 사안에 대한 당신의 생각과 말과 행동으로 보여 줘야 한다. 물론 쉽지 않은 일이다.

98

첫 팀원 평가,
근거는 철저히 팩트 게더링

평가의 근거가 공정성의 핵심이다

평가 기준도 명확하고 일관적으로 유지되고 있다면 이제는
평가할 일만 남았다. 기준에 따라 평가하면 된다고 쉽게
생각할 수도 있지만, 그렇게 간단한 일은 아니다.

잠시 법정을 떠올려 보자. 피의자와 피해자가 있고,
검사와 변호사가 있다. 잘잘못이 분명하다면 판결에 상관없이
진위 여부와 피해 보상이 결정되어야 한다. 하지만 상황은
그렇게 간단하지 않다. 잘잘못이 분명한 사안도 검사와
변호사의 싸움과 판사의 판결로 결론이 난다. 그 중심에는
근거를 기반으로 한 논리 논쟁이 있다.

당신이 팀원을 평가할 때도 마찬가지다. 팀원은 자신의
업무와 성과를 꼼꼼하게 정리하고 구체적인 내용과 숫자로
작성한 근거 자료를 제시할 것이다. 팀원의 말을 듣고 자료를
보면서 그저 고개를 끄덕거리며 그가 이야기하는 대로 그를

평가할 수도 있다. 하지만 그의 이야기를 비판 없이 수용하는 것이 과연 맞을까? 평소에는 팀원을 100퍼센트 믿고 의지해도 되지만 평가할 때는 의심하고 또 의심해야 한다. 그는 좋은 평가를 받아야 하기 때문에 과장하거나 심지어 거짓말을 할 수도 있다. 그럴 의도가 없었다 해도 무의식적으로 업무와 성과를 실제보다 부풀릴 수 있다. 따라서 공정한 평가를 위해서는 모든 내용을 객관적으로 따져 봐야 한다.

여러 팀원이 스스로를 과장해 평가하고, 더구나 공동 업무에서 각자가 더 많은 일을 했다고 주장한다면 어떨까. 팀원 각자의 이야기만 듣고서는 객관적으로 공정하게 판단할 수 없다.

이럴 때 당신은 팀장으로서 팀원과 근거를 기반으로 논리 논쟁을 해야만 한다. 평소 느낌이나 본능적인 촉, 감정에 의지해 평가해서는 안 된다. 팀원의 주장이 맞는지 혹은 잘못되었는지를 명확한 근거로 판단하고 이를 바탕으로 그를 설득해야 한다. 만약 당신 말에 팀원이 수긍한다면, 그는 평가 결과에 공감하지는 못해도 최소한 이해하고 불만을 갖지는 않을 것이다.

이를 위해 평소에 팩트 게더링(Fact Gathering)을 해야 한다. 팀원 각자의 업무, 평가 항목과 목표를 머릿속에 넣어 두고, 그와 관련한 팀원의 업무나 성과를 계속 기록해 두는 것이다. 예를 들어 마케팅 커뮤니케이션 담당인 팀원이 광고 채널과 메시지를 바꿔서 런칭했는데, 이전보다 노출 효과가 좋아 매출로 연결되었다면 그 사실을 기록해 두는 것이다. 이렇게 남겨 둔 기록은 팀원과 평가 미팅이나 면담을 할 때 활용할 수 있으며, 팩트를 근거로 제시해 평가하기 때문에 객관적이고 공정할 수 있다. 물론 팩트를 남길 때 당신의 감정이나 추측, 의견을 넣으면 안 되며, 철저히 듣고 본 대로만 기록해야 한다.

자신의 업무도 해야 하고 윗사람도 신경 써야 하고 부서와 팀원도 챙겨야 하는 등 일이 넘치도록 많아 팩트 게더링이 귀찮고 힘들 수도 있다. 하지만 평가 시즌이 되어 기억도 안 나는데 억지로 근거를 찾느라 시간을 보내거나 불합리한 평가로 팀원의 불만을 사는 것보다는 이런 수고를 하는 게 낫다. 처음에는 번거롭지만 습관이 되면 오히려 시간도 절약되고 무엇보다 공정하게 평가할 수 있다.

99

첫 팀원 평가,
평가 결과 전달 방법

평가 결과가 좋든 나쁘든 직접 진심을 전달하는 것이 필요하다

사람은 누구나 좋은 소식은 빨리 이야기하고 싶고, 나쁜
소식은 전하고 싶지 않다. 하물며 모두가 지난 1년 동안
열심히 일하고 고생도 많이 했는데, 아무리 공정하게
평가했다고 해도 결과를 전달하는 일은 부담스럽고 힘들기
마련이다. 모두가 좋은 결과를 받으면 좋겠지만, 그럴 수 없는
게 현실이기 때문이다.

    평가는 여러 번에 걸쳐 이루어진다. 월별 혹은 분기별로
중간 평가가 있고, 연말이나 연초에 최종 평가가 있다.
최근에는 KPI와 상대평가 제도를 없애고 짧은 주기로 일대일
피드백 세션을 두거나 현장에서 짧은 조언 형태의 피드백을
주는 평가 방식으로 바꾸는 곳도 많다. 평가 방식과 상관없이
공통적으로 점차 팀장과 팀원이 직접 마주하고 업무에 대해
이야기를 나누는 횟수가 증가하고 있다. 지속적으로 일대일

피드백을 주는 형태로 말이다.

평가 방식이나 주기와 별도로 팀장은 팀원의 업무나 역량을 평가하고 결과를 통보한다. 단지 최종 평가의 경우 그 결과가 팀원에게 미치는 영향이 매우 크기 때문에 통보하기가 팀장이나 팀원이나 상대적으로 더 부담스러울 뿐이다.

팀장으로서 최종 평가의 결과를 전달하거나 일대일 피드백 세션을 가질 때, 팩트 게더링으로 수집한 근거를 기반으로 논리적이고 객관적으로 이야기해야 한다. 업무와 성과는 철저히 이성적으로 접근하는 것이 맞다. 하지만 결과를 받은 팀원이 그 결과에 반드시 공감할 수 있어야 한다. 팀원이 느끼는 감정에 대해서만은 당신의 진심을 담아 이야기해 줘야 한다.

예를 들어 평가가 안 좋은 팀원에게 결과를 알려야 하는 상황이라면, 그 결과를 그가 납득할 수 있도록 논리적이고 객관적으로 말해 줘야 한다. 평가 기준을 다시 한번 상기시키고 평가 항목과 목표를 업무와 성과와 비교해 가면서 하나씩 상세하게 설명한다. 하지만 결과를 전달하고 납득시킨 후에는 그가 느낄 감정에 당신도 충분히 공감하고 있다는 표현을 해야 한다. "내가 ○○님 입장이라도 기분이 안 좋고 우울할 겁니다. 이렇게 평가하고 이야기했지만 나도 마음이 불편하고 미안한 생각도 들어요" 정도로 말이다. 그리고 평가에 대해 건설적인 피드백을 해 준다. 그것이 변명이나 잔소리로 들리지 않도록 주의하면서. 다음 평가를 잘 받기 위해 그에게 필요한 역량을 구체적으로 피드백해 주자.